JN408691

낯설지 않은 그림 한 점

이상목 시조집

문학공원 시선 226

낯설지 않은 그림 한 점

이상목 시조집

삶의 얼룩처럼 흘러내린 물맛처럼
행간과 쪽 사이에 깔린 그림자까지
귀알로 툭 던진 붓질 수채화 한 폭 뜬다

문학공원

〈序言〉

긴 절필의 고독을 깨고

로키는 언제나처럼 웅장한 모습으로 적멸의 흔적을 깨웁니다. 봄이 오는 소리를 듣기 위해 찾아간 Mt. Edith Cavell은 비파를 뜯으며 눈덩이를 떨구고 있었습니다.

고국을 잊고 산지 어언 25여 성상, 상승과 하강을 반복하던 이방인의 처절한 몸부림이 앨버타 대평원에 널어놓은 어줍은 시어들, 원대한 로키의 산과 호수와 서걱이는 바람 소리를 3장 6구 12절에 담아내려 했던 시간들, 그 풋내나는 시의 음보를 고르고 완성하기까지 수도 없이 부러뜨린 연필의 의미를 알기에, 긴 절필의 고독을 깨고, 고향 떠나온 이방인의 서러운 눈물을 고국의 향수로 기억해봅니다.

耳順 넘어 이제 다시 시작입니다.

장엄한 로키는 또 어떤 모습으로 우리에게 다가올까요? 비록 경계인의 삶이 고되더라도 마주한 로키 앞에 당당해지고 싶습니다.

오늘 등단 20년이 지나 부족한 첫 시집 『낯설지 않은 그림 한 점』을 上梓하기까지 정서적인 시의 성숙을 깨우쳐준 본향 시조문학과 김준 박사님, 한분순 전 한국문인협회 부이사장님, 현 한국문인협회 상임 부이사장 김민정 박사님, 동학사 유재영 선생님, 한국스토리문인협회 회장 김순진 교수님, 한국문인협회 캐나다 지부 이원배 이사장님, 한국문인협회 천안지부와 미주 문협 오연희 회장님, 미주 시조 김호길 선생님과 안규복 회장님, 캘거리 한인문인협회 회원 여러분께 감사를 올립니다.

바쁘신 중에도 기꺼이 해설을 맡아 주신 전 한국문인협회 한분순 부이사장님 고맙습니다. 로키의 푸른 산빛처럼 우람한 숨소리로 평원을 지키는 행복한 나무이고 싶습니다. 이 부끄러운 졸작을 아버지 탄신 105주기, 어머니 탄신 97주기 영전에 바칩니다.

2023년 가을 로키에서

又林 이 상 목

〈序文〉

스승의 자연과 벗의 자연, 그 사이

김 순 진(문학평론가 · 스토리문학 발행인)

20년 전에 가곡모임 〈포럼 · 우리시 우리음악〉에서 만난 오랜 지인, 한국스토리문인협회 캐나다지부장을 맡아 수고하고 있는 이상목 시조시인께서 첫 시조집을 내신다. 2003년 ≪시조문학≫ 가을호로 등단한 지 만 20년이 된 후 처음 출간하는 시조집이다. 그만큼 오랜 시간 동안 갈고닦은 아우라에서 나오는 엄선된 시조로만 출간하는 시집이라 작품성도 뛰어나다.

2003년 ≪시조문학≫ 가을호 당선작 「이방인」은 이상목 시인이 캐나다로 이민을 한 직후 써낸 작품으로, 왕성한 활동력과 시조에 대한 관심이 최고조일 때 써낸 작품이라 그런지 그 작품성이 매우 빼어나다. 물론 시조의 정통을 가고 있는 시조전문지 ≪시조문학≫의 기라성 같은 심사위원들이 고른 작품이니 그 작품성이야 두말할 나위도 없겠지만, 나는 여기서 그 시를 다시 감상하고자 한다.

> 삼나무 자작나무 외롭게 합장하고
> 삼천의 영봉들을 따스하게 감싸도는
> 흐르는 풀빛 하늘에 마음 띄워 보냅니다

죽음의 의식으로 빗줄기 몰아치는
애틋한 영혼들의 군무를 마중하고
절벽 위 탐할 수 없는 그리움을 봅니다

황량한 대평원에 인디언 숨결들이
떠나온 이방인을 친구라 부르지만
그래도 잊혀져 가는 고향하늘 맴돕니다

부딪친 인연들은 바람 따라 배회하고
아득히 산울림만 들리는 이곳에서
산처럼 말없이 사는 지혜들을 배웁니다

-「이방인」 전문, 2003년 ≪시조문학≫ 가을호 당선작

당시 이 시의 심사평이 어떻게 쓰여졌는지 나는 2003년 ≪시조문학≫ 가을호를 읽어본 바 없어 잘 모른다. 그러나 왜 그 정평있는 ≪시조문학≫에서 이 작품을 당선작으로 선했는지 충분히 납득이 간다. 지난 20년 동안 문학지를 발행하는 발행인으로서, 그것도 오랜 시간 동안 시조를 예우해오며 발행하고 있는 ≪스토리문학≫으로서도 이런 작품을 뽑는다는 것은 로망이자 문예지를 발행하는 이유이기도 하다.

이 시조는 기승전결의 전개방식을 채용해 4연을 이루고 있는 연시조다. 첫 번째 연에서는 이방인의 외로운 마음을 삼나무와 자작나무에 빗대면서 자신의 가슴속에 흐르는 고향에 대한 사랑을 고산 영봉처럼 표현하고 있으며, 그 마음을

풀빛 하늘에 띄우고 있다. '풀빛'이란 일찍이 이수복 시인이 그의 시조 「봄비」 에서 "이 비 그치면 / 내 마음 강나루 긴 언덕에 / 서러운 풀빛이 짙어오것다"고 하여 우리 민족의 가슴으로 흐르는 빛깔이 되었다. 이상목 시인의 하늘도 그런 '서러운 풀빛'의 하늘이라 생각하니, 한눈에 '이방인의 한'이 그려진다.

두 번째 연은 승화의 연으로써 이 연에서는 비가 몰아치는데 그 비는 단순하게 그저 내리는 비가 아니라 "죽음의 의식으로" 몰아친다. 비는 세상 만물에게 생명의 상징이다. 그런데 이상목 시인은 '죽음'으로 비유한다. 대단한 반어법이다. 비를 단순히 생명의 단비로만 보는 것이 아니라, 생로병사의 길로 보고 있는 것이다. 내리쏟아지는 빗줄기 하나하나가 마치 죽은 자들이 일어나 춤을 추는 것처럼 보고 있는 이 대목에서 전율이 인다. 그리고 그 영혼들이 현상처럼 시인은 절벽에서 그리움을 마주하고 있다. 그것은 캐나다의 영혼뿐만 아니라, 고향의 부모님과 사물까지도 아우르는 영혼이며 그리움이라 더욱 애잔하다.

세 번째 연은 전개의 연이다. 이곳에서 이상목 시인은 스스로의 모습을 나타내 보인다. 황량한 앨버타 대평원에 서 있는 그는 '너는 왜 여기에 왔는가? 무얼 하러 왔는가? 나는 누구인가?'라며 자신의 정체성에 대하여 끊임없이 물었을 것이다. 그리고 자신이 동방의 한 이방인이었음을 깨닫고 정체성에 대하여 괴로

워한다. 시에 있어 정체성이란 우리가 가는 길 같은 것이다. 그런 정체성에 관한 질문이 우리 인간을 더욱 인간답게 하고, 한국인으로서의 긍지를 깨닫게 하며, 시인답게 하는 것이다.

마지막 연인 결론부분에 이르러서 이상목 시인은 세상 모든 인연들 즉 "부딪친 인연들은 바람 따라 배회"할 수밖에 없는 인연이라는 것을 독자들에게 주지시킨다. 그러면서 세상살이는 내 말을 하는 것이 아니라 남의 말을 듣는 것이라며 "아득히 산울림만 들리는 이곳에서 / 산처럼 말없이 사는 지혜들을" 깨닫는다. 말없이 산다는 것, 그것은 여러 가지 의미를 내포한다. 그것은 남의 말을 경청하며 산다는 것, 주어진 환경에 대하여 불평 없이 산다는 것, 주어진 일에 대하여 최선을 다한다는 것이다.

이상에서처럼 이상목 시인이 20년 전에 쓰신 「이방인」 이란 시조 한 수에서 나는 그가 어떤 생각을 하며 살고 있는지 정리해볼 수 있었다. 자연을 스승으로 받들고, 친구로 함께 하는 그의 시편들에 나타나는 시정신은 고향에 대한 사랑이 고산 영봉처럼 높푸르고, 세상 만물의 생로병사에 순응하며, 자신의 정체성에 대하여 끊임없이 묻는다. 그리하여 그는 산처럼 말없이 사는 지혜를 깨달아 인간답게, 한국인답게, 시인답게 살아가고자 도모한다.

차례

제1부
이방인으로 살아가기

제2부 

물푸레나무가 있는 호수

차례

제3부 아버지의 거울

제4부

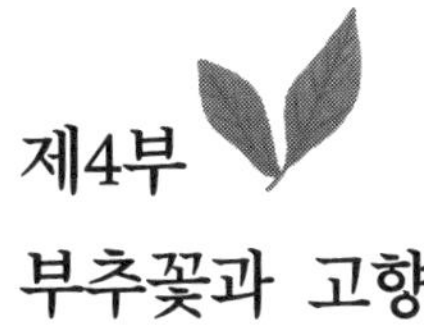

부추꽃과 고향

차례

제5부

영시 그리고 우리 가곡

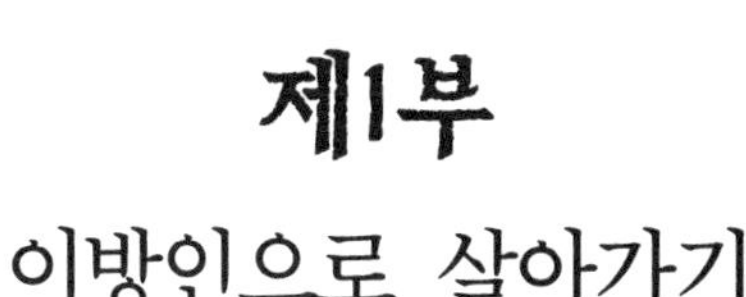

제1부

이방인으로 살아가기

낯설지 않은 그림 한 점

자욱한 물안개가 초벌로 지나간 뒤
물감이 마르기 전 아롱아롱 피어나는
산빛과 대비를 보며 반사광을 묶는다

저 넓은 팔레트 안 오롯이 담겨있는
색깔들 젖은 칠에 마른 선 긋기까지
농담이 배어 나오며 담아내는 사유들

삶의 얼룩처럼 흘러내린 물맛*처럼
행간과 쪽 사이에 깔린 그림자까지
귀얄로 툭 던진 붓질 수채화 한 폭 뜬다.

* 물맛 : 수채화에서 물이 흘러내리며 맺히는 자국.

Path of the Glacier
- 빙하의 길

수만 년 흰 빙벽을 단칼에 내리친다
수직으로 떨어지며 지르는 곡소리에
세상의 모든 업보가 파열음을 내고 있다

시퍼런 번뇌까지 껴안는 퇴적의 꽃
빙산이 치르는 風葬 고독한 의식일 뿐
추락의 흔적조차도 깊이를 알 수 없다

법주사 철확(鐵鑊)*만한 평면의 엔젤호수에
햇살이 에메랄드빛 물감을 풀고 있다
웅장한 토템 폴 몇 개 지킴이로 서 있고

희귀한 땅다람쥐 흰 꼬리 독수리 떼
절대 등 보이지 않는 에디스의 장엄함이
자스퍼 빙하의 길에 번지점프로 길을 튼다.

* 철확(鐵鑊) : 무쇠 가마솥

Wild Rose*

- 해당화

미인은 잠결에도 어둠을 주시한다
촘촘한 가시덤불 꽉 채운 골반 위에
둘러맨 붉은 견장이 빛을 내는 대평원

비 온 뒤 굳어지는 척박한 토양에도
녹명(鹿鳴)**의 울음들이 쇄골의 성을 쌓아
빈 들 끝 굽히지 않는 기개마저 새롭고

여기 함께 살아온 풀벌레를 손잡아준
물방울이 내 오만을 버무려 불을 켜면
이런 밤 그대 꽃 울음이 심벌이 된 앨버타.

* Wild Rose : province of Alberta Canada 州花임.
** 녹명(鹿鳴) : 사슴의 울음소리

River Runs Through It

- 흐르는 강물처럼

보우강 맑은 물이 로키를 떠나올 때
밴프를 적셔가며 찬가를 부르더라
빙하가 무너지는 소리 생각조차 아름다운

동으로 길을 내며 돌아오지 못하는 강
격랑의 쪽배 하나 젖물을 풀어놓고
원시의 틀을 깨고 있다 흐르는 강물처럼

에둘러 오지랖 넓게 써 내린 일필휘지
물비늘 털어내며 그물을 짜는 강물
팍팍한 내 삶을 견인해 비문을 쓰고 있다.

떨잠, 그리고 이방인 눈물 한 줌

수만 리 떠나는 길 동행한 어떤 사랑
질곡의 육십 년이 거실에 놓여있고
세월도
비켜 가는지 오동꽃이 피었다

이방인 고된 삶에도 나에겐 경전 같던
흘려 쓴 숭덕광업(崇德廣業)*
곰삭은
옻칠조차 향기로 번지며 지친 나를 달랜다

삭이고 다독이며 홀로선 유배의 성
초라한 자존심에 중년은 구겨지고
떨잠에
배어 나오는 푸른 빛 눈물 한 줌

어쩌면 고심하며 종장을 생각하듯
반백 년 불이 붙고 타오른 오동꽃은
결 고운
화첩이 되어 어머니로 놓여있다.

* 숭덕광업(崇德廣業) : 덕(德)을 쌓는 데 힘쓰고, 사업(事業)이나 학업(學業)을 넓게 펼친다는 뜻으로 『역경(易經)』에 나오는 말

이방인으로 살아가기

낯섬과 설레임의 어눌한 말투 속에
고국은 기억 저편 자꾸만 멀어지고
헐렁한 셔츠를 입은 경계인이 서 있다

살아온 궤적들이 잡고 있는 발목 위로
애벌레 한 마리가 깊이를 재고 있네
언어의 감옥에 갇힌 이방인을 향해서

주류와 비주류의 경계에 서기까지
쪽배에 몸을 묶고 격랑을 헤쳐 가는
북반구 이방인의 삶 아직도 제자리다.

축복의 오월 앞에서

시절을 거스르는 낯선 땅 묻혀 살며
축복의 오월 앞에 엎드린 그댈 본다
롭슨봉(峰)* 하늘을 찌른 오만함이 몇 자인가

햇살이 부쳐내는 화전이 그러하고
바람이 쌓아 올린 공덕이 그러하듯
이곳에 널린 야생초 입술마저 고운 날

본분을 잊었는지 高山이 무너졌다
골마다 도랑마다 빙하가 녹는 소리
시간을 거스른 것들 여름을 쫓고 있다.

* 롭슨봉 : Mt. Robson 캐네디언 로키의 최고봉으로 3,954m임.

6월의 나무 향을 붙들고

- Pyramid Lake에서

침엽수 곧은 선이 주제를 강조하며
아슴한 산맥 위에 울리는 기상나팔
햇살이 선착순으로 아침잠을 깨우고

점호에 열외하는 레이크 피라미드
부스스 눈 비비며 화장하는 산야초들
어울려 살아가느라 지친 맘을 씻는다

6월의 나무 향을 붙드는 수면 위로
나를 저울질하는 한 폭의 바람까지
사유를 담은 원시림 생각하는 눈빛이여

큰 바위 피라미드도 진 속에 녹아든다
빛조차 사치인 양 완벽한 명암 처리
빼앗긴 평화의 진영 사진 한 점 걸렸다.

보우 강가에서

하얗게 풀을 먹인
한 폭의 적삼처럼

깃을 말아 올리며
떠나는 돛배 한 척

오래된
면벽을 풀고
발문을 읽고 있다.

폭풍이 시작되다

쇳스런* 바람 앞에 마가리** 살고 있는
별들아, 고조 곤히 떠들 순 없는 거니
추워도
춥다 하지 말고 들러리는 은하수

캄캄한 선달 별밭 총명한 북두칠성
뭇별은 쉿, 조용히 오리온 너는 괜찮고
갓 눈뜬
카시오페아 불러다가 여는 파티

어쩌면 저 꽃들은 첫날밤 초례 치른
직녀의 탄성처럼 아슴히 번져 나와
북반구
별들의 성에 길을 내는 중이다

소리와 자기장의 장엄한 겨울 서곡
어울려 그려내는 폭풍과 빛의 향연
기온은
영하 오십도 극한의 꽃 오로라.

* 쇳스런 : 카랑카랑한
** 마가리 : 오막살이

오로라 마주하기

서막이 열리기 전 객석은 이미 만석
반전 매력이 없는 공연은 싫다면서
무대의 천장 끝에서 스윙*이 나타났다

오프닝 코러스**로 별똥이 지나간 뒤
객석은 발아되어 변주로 출렁이며
수많은 빗살무늬로 줄을 타는 아리아

극한의 무대 위에 광량은 클라이맥스
2막 3장 푸른빛을 되감는 필름처럼
오, 그대 다시 보고파 불러본다 커튼콜***.

* 스윙(Swing) : 모든 배역을 소화할 수 있는 배역으로 주 배우의 이동시 역할을 맡는 배우

** 오프닝 코러스(Opening Chorus) : 서곡이 끝난 후 연주되는 곡.

*** 커튼콜 : 공연이 끝난 뒤 관객들의 환호에 답하는 노래나 춤.

조그만 틈 사이로

때로는 수평으로 때로는 수직으로
단오에 널뛰듯이 태우는 세한의 밤
판소리 변주곡으로 줄을 타는 오로라

그 별이 거기 있어 눈 코 귀 열려가며
달려간 얼음 호수 성곽 위 은하들이
장엄히 산화하면서 길잡이가 되어준다

쓰다 만 편지처럼 단음절로 쪼개지며
내쳐진 파격 앞에 별들은 무력시위 중
무언의 가르침들이 방언처럼 돋는다

내 삶의 저물녘도 저처럼 화사할까
행성과 지구 안의 조그만 틈 사이로
점과 선 아름다워라 내 사랑의 은하여!

북극점 향해 가는 길

변사의 설명 없이 돌아가는 무성영화
화면이 겹쳐지며 필름이 이어진다
북극점 향해 가는 길 넘버 투 하이웨이

들에서 산맥까지 시나브로 눈이 내려
농담을 조절하며 명암을 갈고 있고
한편엔 흑백화보집 촬영하는 날이다

저것은 무성영화 완전한 인화기법
중후한 먹빛으로 겉멋 든 바람까지
소복한 나무상주를 풀어놓는 지평선

무대는 계속하여 중첩을 반복한다
아직 북극점은 멀고 먼데 스쳐 가는
대비와 정형되지 않은 밑그림 배가된다.

빼앗긴 모두 그리운 것들

- 인디언 마을 Sucker Creek*에서

도도한 된바람은 황소 울음 같은데
부서진 수레바퀴 마차의 곁을 지킨
빈 창고 허물어내려 평원에 모로 눕다

풀 무간 쇠붙이와 굴레는 나뒹굴고
어둠 속 한 줄기 가느다란 햇살만이
입구를 막아 서 있네 풍구 소리도 녹슬고

토막잠 자는 세월은 한 백 년 절름발이
비스듬 기울어진 불화로엔 잿가루만
그나마 망치질 소리도 윗바람에 갇혔다

모두 그리운 것들 빼앗긴 모든 것들은
문명이란 이름으로 영혼을 추스른다
희나리 타오르는 소리 푸닥거리 같은 곳.

* Sucker Creek : Canada 앨버타주 북서쪽의 인디언 마을의 이름.

눈 오는 날의 소묘

평원을 삼킬 듯이 까맣게 몰려오는
북극의 병사들은 폭풍을 일으키며
북반구
동토의 땅을 유린하고 있었다

아무도 가지 않은 미완의 설원 위에
수레의 발자국을 남기며 내달리던
전차가
내지르는 함성 날 세운 바람 소리

무거운 폭설 탄에 위장한 병사들도
쓰러져 나뒹굴고 새들도 떠나갔다
이런 날
흔들리는 것 어디 마음뿐이랴

빗금 쳐 날아오는 은빛의 화살촉들
온몸에 방패 없이 가슴으로 막아선다
권태로
얼룩진 일상 깨트리는 은빛 화살.

여름의 상형문자

한 자락 여백 없는 여름이 타고 있고
수만 년 화염 속에 달궈진 빙벽들의
둔탁한 엇박자 소리 산에서 밀려난다

오래된 벽화 한 폭 봉인을 푸는 건가
세상에 경고하는 자연의 오만인가?
말없이 하강하는 것들 빙하기를 지난다

정중동 오목하게 비워낸 은유 앞에
갈 길을 서두르던 통곡의 아픈 존재
보이는 모든 것 들은 돌아앉아 산이 된다.

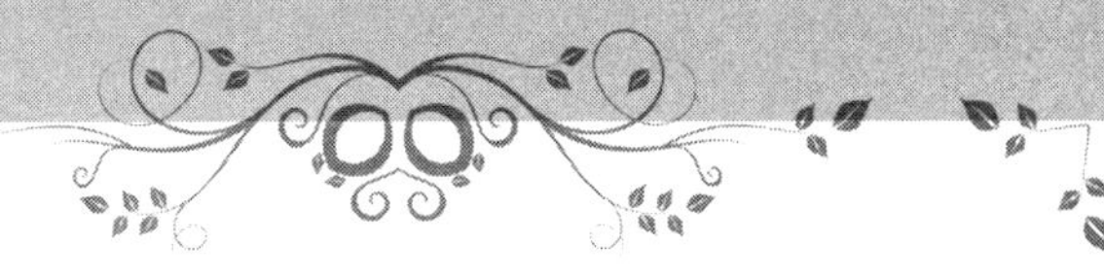

제2부

물푸레나무가 있는 호수

숲길에서

숲속의 작은 반란 여기저기 분주하다
영롱한 이슬방울 구르다 꿈 되는 곳
햇살은 어찌 맑은지 가슴속이 환하다

계절이 지나가며 쌓여서 부엽*이 된
윤회의 큰 섭리 누구든 삶을 키우는
한 줌의 거름이 되어 봉헌의 삶 살아보라

온 산을 마비시킨 산야초 들꽃 향기
우통수** 찾아 나선 산새와 들짐승들
못생겨 등 굽은 나무 산자락을 지킨다

지척을 알 수 없는 이 세상 자욱한 안개
오열하고 숨죽이던 소우주 나의 안뜰
회심의 한 줄기 빛이 골짜기를 허문다.

* 부엽 : 낙엽이 썩어 거름이 된 것.
** 우통수 : 인적 드문 신성한 곳에 맛과 빛깔이 변하지 않고 솟아나는 물.

물푸레나무가 있는 호수

저 산과 능선 넘어 내 맘을 훔친 이가
그 속에 살고 있다고 착각하는 저물녘
로키의 원시림 속을 나 홀로 걸어보네

벼랑에 살고 있는 강인한 잡초들도
우뚝한 산맥 속에 머무는 나무들도
지긋이 숲이 되려고 고고함을 깨우면

산 겹겹 노을이란 미명의 이름 아래
유혹의 손을 내민 석양을 끌어안고
나무와 산과 호수와 나 바람 차를 끓인다

등 시린 타향에서 숙연한 마음 씻김
아직도 나를 훔친 모레인 호숫가엔
발 시린 물푸레나무 구도자로 떠 있다.

손에 든 꽃물 어쩌라고

사월을 내치는 건
나만이 아닌 기라
불쑥 통보도 없이
계엄군이 진주했다
손에 든
꽃물 어쩌라고 말이 없는 반란군

하늘이 무심하듯
계절도 무심하네
초록의 아침마저
계엄에 무너진 날
겨울의
무한변신은 유죄인가 무죄인가.

* 2017. 04. 26 내린 폭설 수준의 춘설을 보며

그 山에 와서

산에 와 산을 놓고 산을 이야기하네
능선과 능선 위에 또다시 겹쳐진 산
적요를 밀어 올리는 더글러스 전나무

되알진 덤부렁들쑥* 속 빈 나무들이
몸짓을 불려 가면 숫거리** 송림 숲의
단아한 정자가 있는 고향마을로 달린다

이런 날 말 없는 산 도도한 로키산은
짓무른 향수병에 어둠을 풀어놓아
부엉이 울음소리로 오장육부를 흔들고.

* 덤부렁들쑥 : 수풀이 우거진 깊숙한 모양
** 숫거리 : 내 유년의 고향마을로 노송 숲이 있는 지명

자작나무 숲으로 오는 저녁

바람의 질량으로 속없이 무너지던
그들은 산맥 아래 또 다른 무리를 지어
견고한
스크럼을 짜며 농성하는 중이다

서투른 직립조차 포근한 이름이여
떠도는 별을 품어 산이 흔들거리면
숲으로
오는 저녁을 가슴속에 담는다

물안개 흠뻑 먹고 산촌을 지킨 하루
함께 산다는 것은 장엄한 축복이다
서로를
사랑한다는 무언의 약속이다.

겨울 숲의 어떤 소묘

불에 탄 삼림지대 달리는 차에 치인
천둥 벌거숭이 악도리 짐승 하나
산중의 무법자들이 포식하는 겨울날

소댕처럼 그을린 나무의 그루터기
한둔하는 고사목을 얼레로 기어오른
넝쿨 풀 침식된 표토 위 여우비가 내린다

타다가 부러지고 졸 가리진 나무 사이
공존의 폐허에서 해껏 허 댄 하루
솔 향기 새소리도 떠난 겨울 숲의 어떤 소묘.

산촌 일기

한 해의 말미에서 잡목림 볼품없는
산빛을 담아오며 의연함을 배웠다
철새들 떠나는 소리 고해성사 들으며

적막한 산촌에서 띄우는 송년의 편지
생각만 맴을 돌아 못 그린 밑그림과
길 찾는 아기 양 하나 빛으로 그려 넣고

서로서로 배경 되려 부비는 산과 호수
더하고 빼보다가 머뭇거린 동지선달
눈사람 얼굴에 콕콕 새기는 새해 화두.

겨울 신성리에서

빛은 아직 저만큼에 서 있는 겨울 아침
켜켜이 만들어낸 시간의 발자국 따라
곰나루 웅포를 돌아 찾아가는 갈대밭

머리와 발끝까지 부러진 육신 안에
일어설 채비조차 못하는 그림자들
햇빛에 의지하고자 아우성인 물섶에

갈바람 어디 갔나 잠에서 깨어나며
계절을 돌려놓는 내 몫의 따순 바람
기러기 신호탄으로 마른풀을 흔들고

올 풀린 갈꽃들이 펼치는 집단 군무
소중한 손님 같은 철새도 춤을 춘다
눈부신 곰개나루터 서걱이는 신성리.

* 신성리 : 충남 서천군 한산면 금강변의 우리나라 3대 갈대 군락지이며 영화 JSA의 촬영지.

바람의 길

바람이 애매할 땐 화살표를 쫓아가라
직진으로 가는 길이 때론 못마땅해도
어려운 역풍을 만나 사선으로 가더라도

중심을 잡는 것은 자신을 이기는 길
바람에도 성깔 있어 정형의 틀에 담아
가두려 하는 나에게 직각으로 대든다

한쪽 꼭짓점에도 기울기가 없는 바람
순풍에 진을 펴고 손자병법 외며 가는
철새들 한붓그리기 필법이 각을 잰다

어떤 등식이든지 엇갈린 운명처럼
한 생을 끌고 가는 둔각의 편차처럼
거리와 기울기조차 이어주는 바람의 길.

새 아침에

고요로 떠나가는 제야의 범종 소리
어둠도 빛이 되어 찾아온 乙未元年
순백의 사랑만이 꿈꾸며 지상에 내립니다

앙상한 나목 위에 꽃피운 의연함으로
당신은 거대한 수묵화를 펼쳐 놓고
순결한 새날의 소망을 그리고 계시네요

기도로 여는 새 아침 믿음의 향기처럼
욕심의 울타리 허는 지혜와 굳셈 주소서
날마다 새로운 희망 넘쳐나게 하소서!

송년의 시, 아듀 2016

나목이 흔들리며 송년의 옷을 입다
무심한 폭설 따라 떠나는 겨울 여행
가지 끝 눈물 꽃조차 눈이 부신 이 아침
추위는 어제부터 인색해 못 본 체고
별 따던 소년에게 북극의 밤하늘은
순수와 장엄한 빛과 새로움뿐이다
누구의 작품일까 한 해의 말미에서
자연이 펼쳐 놓은 담채화 대서사시
오로라 북극성마저 은하에 걸어놓고
송년의 경계를 넘어서는 아쉬움 속
촉수에 전해오는 여운마저 감동이다
희망의 새해 문장을 찍어내는 북극점.

바람의 눈물꽃

강물은 골목 안에 있는 접골원인가
추위가 몰려오자 어긋난 뼈를 꺼내
교대를 만들어가며 상판을 얹고 있다

취객처럼 비틀거린 젊은 날 참회하며
먼 길을 돌아 나온 이방인 내 삶처럼
바람의 눈물을 모아 세우는 교각이다

침하가 되지 않는 최첨단 슬러쉬공법
구도와 형태마저 빼어난 예술이다
간밤에 사슴가족이 테이프를 끊었다

이 세상 어디에서 자연과 일치하며
바람이 켜를 채운 교량을 보았는가
강물은 누워 피는 꽃 뼈를 맞춘 꽃이다.

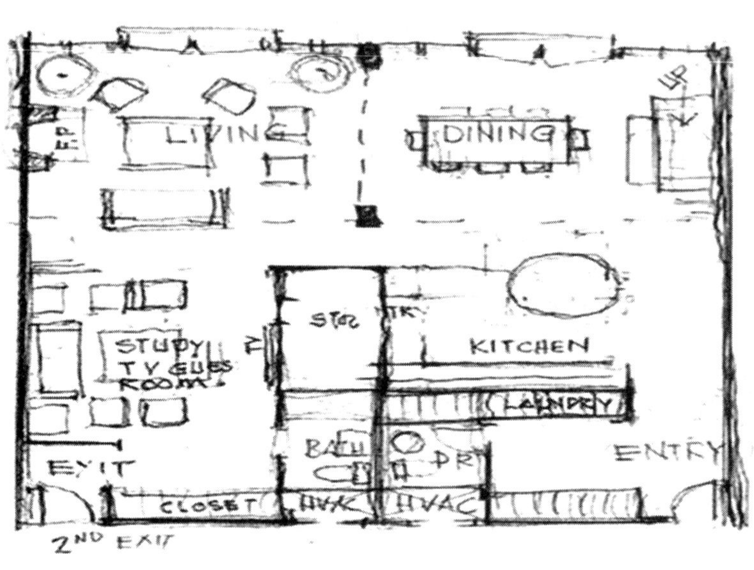
LIVING
DINING
UP
FP
STOR
KITCHEN
STUDY
TV GUES
ROOM
LAUNDRY
BATH
PR
ENTRY
EXIT
CLOSET
HVAC
HVAC
2ND EXIT

목수일기

나무의 뼈를 열면 허기가 채워진다
공사장 먼지들이 호흡을 방해하고
섬세한 마감 작업에 지문도 날아갔다

바닥에서 천정까지 창에서 문선까지
뼈대를 구성하는 기둥과 지붕틀까지
집 한 채 각을 잡는 일 보기보다 어렵다

공들여 벗길수록 윤이 나는 삶의 굴레
옹골찬 마디마디 꿈들은 채워지고
가난이 깨나는 소리 피멍으로 꽃핀다

하루치 품값 안에 무엇이 들었을까
일주일 품값으로 월세를 맞추는 신공
제프 리 망치질 소리 아직도 허기지다.

연어

연어가 돌아오는 강둑에 홀로 서서
치열한 삶이란 게 무엇인지 생각한다
물길을 거슬러 올라 母川에 든 이유를

강과 바다를 태워 상처 난 몸을 끌고
자신을 희생하여 꿈을 이루는 생애
난 오늘 해처리*장에 내 꿈을 두고 왔다.

* 해처리(Hachery) : 연어를 부화하는 산란장

비 오는 밴섬에서

말없이 돌아서는 바람을 불러 모아
적막과 침묵 안에 내재된 사유까지
하나둘 어루만지며 내려놓는 가을은

누눅한 빗소리로 갈색의 여운만을
더한 채 벌레 먹은 분신을 풍장하는
다비의 의식을 위해 만장을 펄럭인다

말로만 듣던 소문 지금 밴섬*에서는
손바닥 뒤집듯이 날마다 비가 온다
계절을 잊어야 하는 문장이 초연하다.

* 밴섬 : BC Vancouver Island의 약칭

겨울 한 겻

한 겻* 머문 햇볕에
산촌이 깨어난다

헛장** 친 바람조차
내 편을 들고 있고

길들이
끝난 곳에서
발톱을 감춘 대한.

* 한 겻 : 하루의 $\frac{1}{4}$인 시간
** 헛장 : 풍을 치며 떠벌이는 큰소리

제3부

아버지의 거울

손톱에 하얀 물을 들이고

고향 집 울타리에 곱게 핀 살구꽃같이
새벽의 푸른 발등 밝히는 설화 피어
나무는 또 다른 변신을 준비하는 중이다

세상사 힘든 것도 모두 다 잊게 하는
새하얀 꽃망울을 가만히 만져보니
손톱에 물을 들이며 하얀 뼈만 남았다

저처럼 홀로 피어 한순간 사라지는
사랑은 불쏘시개 같은 것 햇볕들은
나무의 눈물 꽃들을 걷어가려 빛난다

발 시린 나무들의 합창곡 고향의 봄
더께로 설화 위에 피어난 살구꽃을
한 다발 꺾어 들고서 기억하는 고향 집.

아버지의 거울

당신이 일구시던 문전옥답 어이하고
평생을 가꿔 오신 텃밭 어이하라고
하늘빛 같던 아버지 본향에 오르셨다
두툼한 그 손길에 곡식은 물이 올라
칠 남매 보릿고개 굶주림도 이겨주던
당신의 여든넷 생애 베적삼에 묻힌 날

장대비 넘쳐흐른 무학리 선영으로
조부모님 가셨던 길 휘돌아 가시더니
칠성포 곱게 덮으시고 별이 되신 아버지
당신이 남겨놓은 질곡의 흔적들은
절반이 눈물이며 절반이 사랑이라
마지막 남겨놓으신 한 자락 삶의 거울

향 피워 술 한 잔을 올리는 기일 저녁
힘든 이국 생활의 버팀목 돼주셨던
가르침 새록 떠올라 불효자는 웁니다
제안에 감춰 놓은 아버지 문장 하나
사소한 기억으로 가만히 꺼내 보니
호두골 이백 호두나무 당신을 닮았네요.

아버지

어느새 유월 하순 숨겨둔 고백 같은
빗장을 풀어보며 아버지 기일조차
챙기지 못한 자학이 원죄로 맴돕니다

일에 지친 몸으로 타관을 떠돌 때도
밥은 먹고 다니니 하셨던 그 말씀이
밟혀도 밟히지 않는 강인함을 키웠고

삶의 사막 속에서 찾고자 했던 것들
미루면 미룰수록 멀어만 지던 행복
옹이는 이만큼 커져 응어리로 남았죠

시리고 아플 때만 찾던 나의 아버지
하늘에 별이 되신 당신의 그 음성이
지금은 존재만으로 산이 되어 오시네요

손녀딸과 낙관

가슴이 아려 오는
고통이 뒤따르고
양수가 쏟아내려 갈증을 메운 저녁
생명의
용틀임으로 번져오는 화선지

자리를 비운 순간
돌잡이 손녀딸이
무아의 지경에서 손바닥 난을 친다
운필을
아는 것처럼 묵향조차 찰랑인다

아이의 손끝에서
태어난 은총사태
틀을 깬 여백과 파격 걸러낸 각본이듯
개칠도
멋이 된 화폭 낙관하나 필요하다.

분청사기철화어문병

청벽*의 노을처럼 풀어헤친 환한 얼굴
분칠도 이쯤이면 격 있는 여인일세
철화문** 거친 얼굴에 오독한 굽도리며

무성한 연잎 아래 넝쿨손 떨림까지
빗살로 그려 넣는 그대는 화공인가
가냘픈 허리 아래로 먹쑥빛은 번지고

회흑색 점토 위에 귀얄로**** 멋낸 자리
궐어(鱖魚)****의 객기 없는 소탈한 금강 외출
여백엔 정형되지 않은 연꽃 하나 피었다.

* 청벽 : 충남 공주시 분청사기 도요지 옆 금강 변의 나룻터
** 철화문 : 철화문은 회 흑색의 저질태토 위에 반드시 귀얄로 백토 분장을 하고 그 위에 철회로 자유롭게 문양을 나타낸 것.
*** 귀얄 : 귀얄 기법은 거친 붓, 즉 귀얄로 백토를 발라 붓 자국에 의한 운동감을 표현한 기법.
**** 궐어(鱖魚) : 쏘가리

아! 겨레의 벅찬 웅비(雄飛)소리

빛과 어두움이 만드는 여명을 보라
신개지 타오르는 뜨거운 함성을 보라
거룩한 민족의 성지에 구름을 부려 놓고

광덕산 배후에서 꿈틀대는 차령산맥
역사의 배경이 되는 아우내 장터까지
뜨거운 피 살아 돌아 봉홧불을 올린다

다투어 삼남으로 이어지는 대동맥들
능수버들 삼거리엔 민초들 꿈이 있어
웅비의 큰 뜻을 품고 일어서는 을미년

겨레의 빛이 내려 하늘 아래 평안한 곳
해마다 풍년이요 덕 넓혀 부르는데
검은산* 벅찬 웅비 소리 겨레를 뛰게 하네.

* 검은산 : 겨레의 성지 천안 독립 기념관을 품고 있는 산으로 흑성산이 고유 명칭임.

충무공 옛집에서

세월의 물길을 돌려 찾아간 옛집마당
마실 온 이웃처럼 큰집의 위용에 눌린
고택이 학익진 대형으로 토라져 있었다

둘레를 가늠 못할 활터의 은행나무
승자총통 포탄처럼 탄피를 낙하하며
백암리 가을 해전을 승전고로 물들인다

지금은 명량시대 난파선 12척의 투혼
물길을 파장 내듯 먹구름도 물러간다
감나무 노숙자 위해 외등 하나 켜놓고

옛집은 공의 삶을 되새겨 볼 수 있다
난중일기 버금가는 좀먹은 고서 몇 점
오백 원 주화 거북선이 말하는 임의 충혼.

상림재(相林齋)

거리에 내던져진 어둠 같은 절망 위로
나의 목숨보다도 더 소중한 자존심이
잊고 산 가파른 절벽 그 절벽을 오른다

모두 다 살아온 길 같은 것은 아닐 텐데
가난한 유년시절 화려했던 젊은 시절
지금은 흔적만 남아 추억으로 맴돌고

하신리 262번지 계룡산 나의 옛집
그날도 장군봉에 숨겨둔 낮달 하나
상림재* 다도방 창에 쏟아져 들었었지

이렇게 눈이 오면 잊고 산 그리움이
상념의 조각들을 퍼즐로 맞춰낸다
회상의 되돌아본 길 나의 옛집 상림재.

* 상림재(相林齋) : 충남 공주시 반포면 하신리 262번지 나의 옛집

꾸밈도 격이 있네

머름*의 가지런한 문양이 드러나고
날 살과 씨 살 안에 엇각인 꽃 빗살**까지
세월은 마모를 더해 산문에 들게 한다

오뚝한 띠살무늬*** 꾸밈도 격이 있어
창호지 한 장 바른 사바와 이승 사이
쌍계사 꽃 문안에는 극락의 꽃이 핀다

중생이 드나드는 안과 밖 경계지점
결 고운 쇄골 속에 웃고 계신 동자승
세속의 티끌을 털고 꽃이 되라 이른다.

* 머름 : 꽃문에서 가장 아랫부분의 가로 대는 나무판.

** 빗살 : 빗살은 두 살을 서로 어긋나게 짜나가 마름모무늬를 만들어나가는 문살

*** 띠살무늬 : 날살문에서 한 단계 더 나아간 모양새로 단출하고 깔끔한 주심포 맞배집의 문살로 쓰임.

삼보일배

느림보 골배이*도 재주가 있는갑다
온양에서 천안까지 아욱에 무임승차
용케도 집까지 따라온 의지의 오체투지

지나온 흔적조차 버거운 생이거늘
자신의 뼈를 녹여 짊어진 삶의 무게
소우주 밀고 당기며 끌고 있는 와각 한 채

급하게 사는 내게 경종을 울리는갑다
오늘은 풀잎나라 봄 소풍 떠나는 날
더듬고 한 발 내딛는 저 경이의 삼보일배

빈자의 고뇌 같은 노숙의 길에서도
온몸엔 햇살들의 따가운 죽비소리
작지만 세상을 끄는 힘 나에겐 성전이다.

* 골배이 : 달팽이의 방언.

어머니

구름이 말아 올린
청명한 하늘 불러
당신의 어깨 위에
고운 옷 걸쳐드리고
못다 한
불효자식의 애틋한 정 갚는 날

손마디 거칠어져
깊게 패인 주름 위에
회초리 내려치던
강인한 그 모습은
오늘도
찾을 수 없네 가슴 메인 구순 날.

외암 마을에서

육백 년 세월 묻어 움터 온 터전 위에
설화산 감싸 안고 외암 깨나는 소리
하늘로 광덕산으로 푸르게 솟고 있다

분홍 입술 부르튼 참판 댁 배롱나무
연엽주 익는 향에 꽃물을 베어 물고
누대를 지켜 온 가르침 눈빛으로 말한다

정원을 질러 만든 멋스런 무위구곡
송화 댁 노송 사이 여유롭게 흐를 때
지필묵 그리운 심성 추녀 끝에 내걸리고

텅 빈 고요함과 덧없음과 부드러움이
자연에 스며들어 그려내는 여백의 미
외암이 홀로 일어선다 상생의 기운 넘친다.

바람결 스쳐 우는 고귀한 별에게

은빛의 옷을 입은 순수한 영혼들이
당신의 삶과 같은 진실을 드리우고
우람한 로키의 바다에 장엄하게 누웠다

힘들고 괴로울 때 지쳐서 쓰러질 때
스무 해 스무 겨울 별 헤던 벼랑에서
저 산은 내게 다가와 꿈을 꾸라 하셨다

더딘 여름날들을 하얗게 불태우는
우림의 큰 자화상 에디스 케벨 앞에
조아려 빛을 내고 있는 초롱꽃 저 여인은

바람결 스쳐 우는 고귀한 별이런가
마알간 그리움의 청아한 향기런가
오, 오오 에델바이스 이방인의 삶이여.

한 치의 오차조차도 허용하지 못하고

동지에 가붓하게 빈 수레 밀고 가는
낮달을 배웅하며 갈무리하지 못한
벽안의 굽도리*에게 애꿎은 말을 건다

마음이 삐뚠 건지 수평이 안 맞아도
고치면 그만이란 오만이 발동한다
한 치의 오차조차도 허용 못한 하루해

그나마 적막마저 터벅터벅 걸어오면
불 켜진 마음 안에 온기가 전해진다
아직도 마름질** 못한 일거리를 놔두고.

* 굽도리 : 방안의 벽 아래 가장자리
** 마름질 : 옷감이나 재목들을 치수에 맞추어 자르는 일.

바람의 집

허공 한 자락에 기준을 세워놓고
바람의 도움으로 짜 맞춘 선분들이
점과 점 중심거리에 오두막을 짓는다

종종 마주 오는 측풍(側風) 어둠을 밀고 있고
팽팽히 소리치는 저항에도 무사한 현
어느 날 주파수대로 곡소리를 풍장한다

약점을 들춰야 혀 그래야 싼 방을 얻지
변두리 죽만 울린 복부인 호객행위
첨단의 단말기 덕에 단속망을 피한다

부서져 내릴지언정 모양은 헐렁하게
아니여 싼 것이 비지떡 아닌 감유
바람이 사탕 발린 넉에 동이 난 임대촌.

국화빵과 바꾼 나의 유년

물 축여 다독거린 짚풀의 고운 맵시
손으로 새끼 꼬아 씨줄을 엮어놓고
바늘 코 짚풀을 먹여 날줄로 질러댄다

한 장의 거적때기 양탄자 되기 위해
바디는 부지런히 희망의 수를 놓아
아슴한 나의 유년에 국화빵을 만든다

씨줄을 퉁겨보니 거문고 소리 같고
겨우내 만들어낸 수백 필 혈육들을
십 리 길 읍내장터로 주말여행 보내는 날

아버지 앞에 끌고 형과 나 뒤에서 민다
숨이 턱까지 찬 고갯마루 하늘구름만
둥 둥둥 국화빵 몇 개에 바꿔 먹은 내 유년.

제4부

부추꽃과 고향

부추꽃

울 엄니 눈물 같은 작고 하얀 꽃이 되어
고향 집 뜰 주변은 언제나 무성하다
다복한 형제들 같이 돌아서면 또 그윽한

보리밭 베러 가서 늦어지는 아버지를
고픈 배 주려 잡고 올망졸망 기다리던
푸른 빛 자식들 위해 준비하는 부추수제비

바늘 줄기 포기 같은 아이들은 자라나서
초여름 소나기에 뜨락은 그윽한데
버석한 마른 꽃 되어 작아지는 어머니

장독 옆의 부추들은 지금도 푸르르고
자식들은 장성하여 제 몫을 다하건만
어머님 병석에 누워 빈 가슴만 남으셨네.

* 2005년 8월호 〈샘터〉 초대시

매당리 삽화(揷畵)

강변 모래알들이 수정처럼 반짝인 날
서리의 추억 어린 유년의 내 뜨락은
은빛의 피라미처럼 그 속까지 말갛다

면장 댁 참외밭과 이웃마을 복숭아밭
허구만 쫓아가는 나이에도 소년 시절의
추억은 잘 익은 수박 땅콩 밭을 달리고

은은한 내 인생의 평온한 서정 안에
숫거리 노송마저 그림자로 기대서면
팽나무 서낭당길이 무서웠던 그믐밤

어느덧 세월 흘러 여백의 상실감은
지명의 빈자리에 오래된 기억한 점
가져다 놓고 평정을 찾고 있는 매당리.

* 매당리 : 천안시 동남구 광덕면 매당리

들꽃의 연가

- 변병선 형을 추모하며

밀보리 살랑대는 이랑에 포개 놓은 꿈
허리춤 책보자기 단단히 졸라매고
인고의 세월 가꾸려 황톳길 내달렸다

돌부리 채어 걸려 벗겨진 꺼먹고무신
가난도 지나가면 정이 되고 병 되는가
투박한 추억의 갈피 그리움 회자되어

풍세 뜰 노을 비켜 매달린 향수들이
백양 잎 피고 지던 육거리 교정 안에
흘러간 오십 년 발자국 찍어내며 울었다

언제나 곧은 기백 덕 높은 인격으로
옹골찬 나무 되어 외길로 오른 산정
오 남매 버팀목 되니 보람으로 황홀하다

오로지 앞만 보고 달려온 세월인데
지구를 넘나들며 세상 짐 부려 놓고
조각한 당신 작품들 폭포처럼 쏟아진다.

강직한 성실함이 타고난 인품이라
층층이 쌓아 올린 거룩한 이상 앞에
반세기 고난을 이겨 우뚝 서신 백양목

덕향의 향기 모아 토방에 돋운 심지
환한 등불되어 세상을 밝히시니
세사의 청빈한 성품 영원토록 빛나리

새아침 샛별보다 먼저 일어나시고
묵상으로 하나님을 만나시는 영혼 안에
주님은 단물 든 음성으로 축복으로 오시리

눈앞이 고희인데 진실로 거룩하시네
들꽃 되어 헤쳐온 역경 되돌아 보시는 길
솟구쳐 넘치시리라 은총으로 넘치리리.

사랑을 굽습니다

퇴근길 멈춰 서서 호수를 건집니다
천원의 행복들이 줄줄이 낚이네요
꼭짓점 되돌아오며 올라오는 붕어들

곳곳에 형성되는 어장도 어장 나름
희망을 굽는 곳은 오늘도 만선이죠
작은 것 나눌 줄 아는 조그만 행복처럼

세상에 넘치는 것 어디 이뿐인가요
어둑한 수초 위에 부푸는 희망 찬가
오늘도 골목 안 어장 사랑을 굽습니다.

Edmonton 서신 - 매당마을에서

- 문곡 서공식 시인에게

하얗게 서리 내린 머리칼 사이사이
반세기 넘는 동안 쌓아온 그대와의 우정
광덕천 상류의 계류처럼 은빛으로 환한 날

실로 오랜만에 벗에게 편지를 쓴다
쌍령산 터널이 지도를 바꿔놓아
그대 산던 집은 헐리고 내 집은 양옥이 되어

이제 우리들의 인연이 시작되었던
팽나무 서낭당과 산제당 불빛들만
끈끈한 정으로 살아 달려드는 오월인데

두견이 슬피 울던 당골 상수리나무 뒤로
그대와 내가 파놓았던 다람쥐 굴 남았을까
벗이여 실로 오랜만에 그리워 불러본다

영혼의 바다 같은 들꽃의 향기 같은
친구의 내음 그리워 나 또한 설뫼되어
그 산을 오르고 싶다고 편질 쓴다 가슴으로.

Edmonton 서신의 답신 - 매당마을로…

- 문곡 서공식

새뜻한 봄 갱변에 노고지리 높이 뜨면
낄룩이 뒤를 따라 풀밭 기어 새집 찾던
저 푸른, 뭉게구름이 늘 그 자리 있으련만

도랑 뒤져 가재 잡다 깨물려 흘린 피를
덜름한 바지춤에 쓱쓱 비벼 닦아주던
아련한 어린 시절이 설핏하게 떠오르네

진달래 아름 들고 까닭 없이 설레이다
뻐꾸기 소리 따라 노곤한 잠에 들면
뒷산에 장끼 소리가 저녁때를 알리고,

노을을 한 짐 지고 논둑 길 돌아오는
호랑이 할부지의 큰 소리 들려오네
바지개 꽂힌 들꽃에 잠든 나비 같이 왔지.

이때쯤 둥구나무 그늘 밑에 몸을 눕고
흔들대던 그네 타고 별무리를 보고 싶네
소쩍새 밤이슬 터는 그 소리를 듣고 싶네

반가운 봄비 끝에 모처럼 푸른 하늘
그 옛날 고향으로 마음이 달려가네
유년의 고무래 들고 친구에게 달려가네.

닭서리

사십 년 넘어 버린 회한을 끌어안고
낯선 세월 저편 벗어 놓은 편린 한 점
방앗간
수수깡 더미 속 토종닭 두 마리

서리 맞은 아주머니 어디에 사시는지
지울 수 없는 아픔 달빛에 비춰본다
비틀린
장닭 두 마리 잘난 척이 병이다

털 뽑던 밤하늘에 내몰린 어설픈 기억
씁쓸한 웃음으로 주인공 찾는 오늘
이놈들
닭 이백 마리 가지고 와 빌러 가자.

동문수학

칙칙한 앉은뱅이 책상을 앞에 두고
혜안이 들어있는 해묵은 고서 몇 점
하늘텬 따지* 검을 현 이끼야 끝말까지

기억엔 개망초꽃 흐벅지게 피었었지
오래된 곰팡내도 엎드려 먹을 갈고
한 달 치 월사금으로 보리쌀이 두어 됫박

훈장님 기침 소리 학동들 암송 소리에
성 절 신홍 사숙 감꽃들이 피고 지고
매당리 노송들까지 천자문을 외고 있다.

* 하늘텬 따지 : 천자문의 첫 글자 하늘 천 땅 지를 이르는 말.

삼뱅이 소금 할머니

쌈짓돈 한 됫박을 난전에 펼쳐 놓고
지나는 행인들을 붙잡는 재주 가진
삼뱅이* 소금할머니 천안 장에 나섰다

하루 장 엮어내는 투박한 손마디 마디
덤으로 인정 한 줌 덤으로 사랑 한 줌
피안의 칠순 언덕에 핀 꽃조차 덤이다

저 몸속 어디에서 저토록 숭고함의
꽃들을 잉태하여 난전을 밝히는가
손주의 용돈이 되려 뜨겁게 핀 소금꽃.

* 삼뱅이 : 천안시 동남구 목천읍 소재의 마을

홍시

팽팽한 긴장감이
감도는 천상 어귀
서투른 헤어짐은 없노라 장담하며
빗쟁이
스산한 바람 셈을 하는 동짓달

오롯이 받쳐 드는
농익은 요염함과
덜 여문 울음조차 장대에 걸려있다
방하착(放下着)*
업보 하나를 내려놓기 위하여

온 생을 불태웠던
생애의 절정에서
나누고 비워내는 거룩한 성자처럼
뜨거운
상처투성이 화인 하나 새긴다.

* 방하착(放下着) : '집착하는 마음을 내려놓아라.', 또는 '마음을 편하게 가지라.'는 뜻

민들레 홀씨 되어

수줍은 눈빛 위로 틔워낸 작은 희망
외로운 마음둘레 아득한 기다림을
뉘 있어 번져내는가 민들레 울 영토에

사랑하리 사랑하리라 가난한 이름으로
잡초 속 봉헌하는 노오란 한 송이 꽃
인내로 저민 가슴에 소리 없이 불 켜고

그러다 어느 날엔가 홀로된 홀씨 하나
부활의 탯줄을 끊어 산과 들 넘나들며
복음을 선포하리라 믿음의 향기 피우리라

제주 올레 민박 촘말로 좋수다

우통수 해조음이 피워낸 너도 바람꽃
쪽빛이 투명한 쇠소깍 올레길에는
오름을 닮은 미소와 색깔들이 넘쳐난다

이곳은 주인장의 격 있는 삶이 녹아
오월의 감나무를 향기로 키워냈고
차 한 잔 사색의 깊이 갈옷처럼 진하다

누구든 혼자옵서 하효동 올레 민박
산이영 바당이영 몬딱 좋은게마씀
외돌개 어느제 오쿠과 촘말로 좋수다

그렇네 몽생이와 어욱도 로키 촌 놈
반세기 넘는 우정을 달려와 마주한 "서"
당 바리 옥돔과 열무 향기조차 그립네

* 이 시는 눈물 나게 가고픈 제주 서귀포의 선배 강우방 선생 댁 효돈 올레 민박을 그리며 쓴 시로 필자는 현재 서부 캐나다 로키에 25년째 거주하며 시인이자 사진가로 활동하고 있음.

탱자나무 울타리 처가에서

가시 틈 하얀 꽃이 숨어서 그렁그렁
그 환한 울타리에 보고픈 사람들이
초록의 꿈을 키우며 모여 살고 있었다

지금은 아주 먼 일 나무를 심은 이는
떠났어도 토방 향기 그대로 탱자나무
매달려 그리움으로 빗방울을 품는데

무수한 창을 키워 부르던 사랑이여
진주와 갑동이와 한순이 래순나무와
어머니 막내딸 경애도 이순(耳順)의 강 건너요.

향수

파종을 하고 나니 봄비가 내렸어요
덤으로 고향에서 보내온 모란 씨앗
새싹이 돋아날 무렵 모란은 지겠지요

가까이 놓아두고 친구들 그리울 때
어머니 보고플 때 가족의 따순 정을
떠올려 피우겠어요 마음속의 모란을

물설고 낯선 땅에 동화되어 사는 것은
마당가 홀로 자란 민들레 만큼이나
외로워 가슴앓이만 절절하게 도져요

습관과 문화의 차이 자신을 지탱함도
버거움 사리려는 본능의 무한 질주
계절은 이렇게 다가와 그리움을 키웁니다.

12월에

나눔은 메마르고 저마다 바쁜 일상
가식과 위선으로 마음 없는 되새김뿐
씁쓸한 맴돌이 끝에 12월은 다가서고

하늘빛 고운사랑 허기진 기원 안에
시련과 절망의 늪 허둥대는 어린 자아(自我)
당신께 어리석음의 손을 펴서 내밉니다

불평과 불만의 골 감사로 메우시어
큰마음 넓은 생각 높은 곳을 볼 수 있는
겸손한 자리에 서는 나무 되게 하소서

육신의 그릇 안에 은총의 기름으로
낮은데 빛이 되고 엎드려 디딤 되는
온전한 믿음 안에서 배려하게 하소서

묵주에 빗금 그어 잊지 않게 하옵시고
저들의 영혼 빛이 흰 눈처럼 밝아질 때
비로소 혹한을 버틴 설목(雪木)으로 세우소서.

삼거리 여기에 길이 있었네

도솔천 삼남으로 이어지는 갈림길에
영남루 어른대는 연둣빛 봄날의 음표
햇살은 그네 위에서 홍타령을 부르고

새재와 차령재를 넘어온 과객들이
지친 몸 쉬어가던 이곳에 민초들도
봄날을 실어 나르며 봇짐들을 풀었다

류 하심(柳 下心)* 아래로만 흐르는 초록의 비
그러다 솟구치는 S라인 여인처럼
여기에 길이 있었네 삼남대로 삼거리.

* 삼거리 : 내 고향 충청남도 천안시 삼거리 지명
** 류 하심(柳 下心) : 버드나무 그늘

제5부

영시, 그리고 우리 가곡

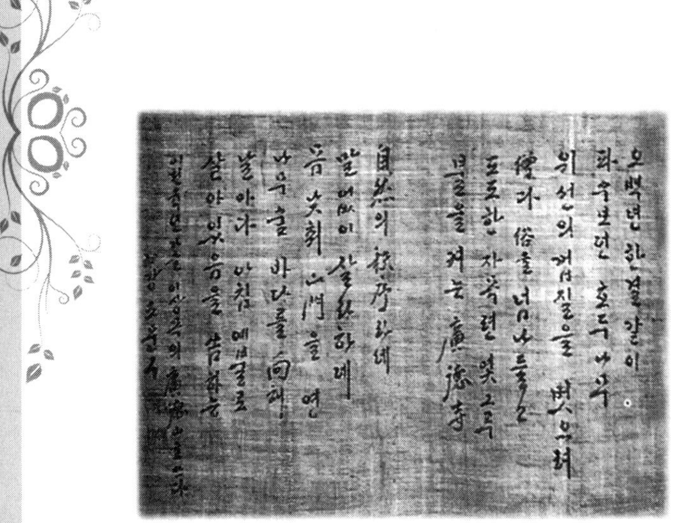

그리운 ROCKY

나는 산과 나무의 그리움을 훔치기 위해
수많은 생명을 키우는 로키에 빠져버린다
더불어 살아가는 공간 바람 소리 영(嶺)을 넘고

그에게 다가설수록 푸르게 여문 저 자태
천의 색 그 품에 안겨 벌겋게 취한 하루
야생화는 왜 그리 붉던지 두통도 멈추었다.

Longing for the Rockies

Sangmok Lee

To feel the longings of mountains and trees
I go deep into the Rockies that raise many lives.
In its shared space, only the sound of the wind climbs the ridge.

As I step closer to them, I see great figures ripen with green colour.
A day when I am drunk and flushed inside their bosom of thousands of colours
the wildflowers are so red that even my headaches stop.

도시의 그림자

가난이 거미줄처럼 드리운 산동네에
살아온 연륜만큼 바람도 청정한 날
도시의 짙은 그림자 포도 위에 내린다

욕심의 두터운 그늘 버리지 못한 내게
모노 필름으로 감고 있는 서울 어디쯤
아직도 우리는 이곳을 달동네라 부른다.

Shadow of the City

Sangmok Lee

In a neighborhood in the hills
Where poverty is woven like a spider web,
A day when the wind is pristine
Like its life experience
The dark shadow of the city
Falls on the pavement.

I am not able to cast off
The thick shadow of selfishness.
Reeled in a mono film,
Somewhere in Seoul,
We still call it Dal-dong-ne, the moon town.

나목 · 1

살에는 혹한에도 벌거벗고 산다는 것은
끝없이 비워내고 나목으로 산다는 것은
위대한 자연의 섭리 깨우치는 일이네

모여 산 그리움 안에 내리는 나신의 꽃
허공을 헤쳐 오는 산촌의 바람 소리만
활 활활 촉수를 펼쳐 영혼으로 돋는다.

Bare Tree · 1

Sangmok Lee

Living naked in harsh cold weather,
living as a bare tree
emptying itself endlessly
is to understand
the great providence of nature.

Longing for togetherness inside.
The falling flower of its naked body.
Running through the empty sky
only the sound of the wind in a mountain village
slowly and vigorously
rises with a white soul
spreading its antennae.

나목 · 2

산과 나의 가슴 피어나는 고독만큼
문명을 지탱해 온 자연에 다가서면
인간의 때 묻지 않은 본성이 묻어난다

어느 이름 모를 빙하의 시린 골짜기
때 절은 봄과 여름 속옷을 벗어 놓고
겨울의 하얀 미소로 침잠하는 저 적막.

Tree Without any Leaves · 2

Sangmok Lee

Just like heart of mountain and mine filled with loneliness
When I approach nature that has supported civilization
People's untainted true nature discovers

Cold valley of unknown glacier
Spring and summer leaves their clothes
Loneliness disappears with smile of winter

연(鳶)

날줄 탄 선무당 덩실덩실 춤을 춘다
허공을 차오르며 중천에 떠오른다
솟아라 하늘 끝까지 새날의 길을 열어라

씨줄 탄 박수무당 너울대며 춤을 춘다
망각의 세상에 와 펼쳐내는 비상의 꿈
물레와 바람과의 싸움 저 팽팽한 줄다리기.

A kite

Sangmok Lee

A kite ride rope
happily, dance around
Ascending through midair from empty sky
Rise to end of sky
Open road to new day

A kite ride rope
joyfully dance around
Oblivion world
Fight between a spinning wheel and wind
What a tug of war

미완성 3악장

동짓달 칼바람도 광덕산은 품에 새긴다
인간세계 티끌 안고 금북으로 뻗은 차령(車嶺)
3악장 결 고운 선율 미완성의 바람 소리

* 광덕산 : 차령산맥 천안시 광덕면에 있는 해발 699m의 산

Unfinished 3rd Movement

Sangmok Lee

Sharp wind in December,
Mt. Kwang-Duk remembers

Bearing bits and pieces of human life,
Mountain Range Cha-Ryung stretching straight up north

Third movement
Elaborate harmony, the wind singing undone

* Mt. Kwang Duk : a mountain with altitude of 699m in Chun-Ahn city Kwang Duk village in Mountain Range Cha-Ryung

겨울 소묘

부질없는 생각을 거두어 가는 산속
늘 푸른 나무숲에 설화가 쌓여오면
잡목림 한 폭 그림처럼 깃을 털고 서 있다

청빈의 자작나무 올곧은 의지 안에
모두 다 감싸 안은 동면의 깊은 시름
들짐승 바람 소리만 회상하는 십일월

때로는 흰 구름도 낮달도 놀러 와선
세상은 그런 거야 욕심을 버리라고
점잖은 충고 몇 마디 시린 겨울 잊는다.

Winter sketch

Sangmok Lee

In the mountain, meaningless thoughts vanish
Snow flowers cover the evergreen trees
Wild forest dusts off the feather, like a piece of picture

In the straight will, of a white birch with honorable poverty
Deep grief of hibernation surrounds everything
In November, wild animals recall the screaming wind

Sometimes both white clouds and the moon during daytime also drop by
Tell me the world is like that, give up your greed
I forget the chilly winter, by a few words of the gentle advice.

내 친구

이삿짐은 양손에 들
정도면 된다는 사람
집은 열다섯 평이
넘으면 짐이라는 사람
그 고집
소박한 삶에 목말 태운 내 친구.

My Friend

Sangmok Lee

The person saying both-handful of moving load is enough

The person saying a house with more than 21 square inches is a burden

My friend mounted on the stubborn, naïve life

오월의 성터

이상목 작시
황덕식 작곡
Moderato
5
9
13
금강 을타고오는 바람 소리 녹음 에스 쳐 도
산성 을감아도는 바람 소리 안개 에스 쳐 도
흐르 는강물처럼 밀려 오는 세 월을 안 고
출렁이는강물처럼 밀려 오는 세 월을 안 고
이끼낀돌 - 무더기 그 리운 느티나무숲을 지 나
성벽의깃 발아래 고 요한 느티나무숲을 지 나

풍요로운오월 의 성 터를 가슴으로걷 는 다 코끝
풍요로운오월 의 성 터를 달빛으로걷 는 다 잠 자
에 -스민흔 적 불 에 탄 -자국들 은 흐르
는 천년의향 기 불 에 탄 흔적들 은 한 줌
는 -세월에 잊 혀져 흙으로만남아있 어
외 검은재 가 되어 흙으로만남아있 어
백 제의- 향기 품은 유채꽃만피었 는 가
백 제의 영혼 들만 들꽃되어피었 는 가

상 사 화
이 상 목 작시
황 덕 식 작곡
♩. = 48
햇 살 한 줌 여 운 으 로 가 득 한 선 운 사 에 -
해 - 그 늘 흔 들 리 며 살 아 온 그 림 자 로 -
불 타 는 그 리 움 을 - 소 리 없 이 벗 어 놓 고 -
숲 속 을 비 추 어 낸 - 아 - 련 함 내 려 놓 고 -
오 롯 이 사 랑 하 나 - 가 슴 에 품 고 산 다 -
오 롯 이 사 랑 하 나 - 가 슴 에 묻 고 산 다 -

17
외 로 운 석 달 열 흘 - 나 홀 로 꿈 이 되 어 -
어 긋 난 안 타 까 움 - 꽃 대 를 세 우 다 가 -
21
못 다 한 사 랑 으 로 - 덧 없 이 지 는 잎 새 - 아
고 독 한 이 름 되 어 - 외 로 이 지 는 꽃 술 - 아
25
1.
올 해 도 그 대 곁 에 난 그 리 운 사 랑 일 뿐 이 라 오 -
29
2.
올 해 도 그 대 곁 에 난 그 리 운 사 랑 일 뿐 이 라 오 -

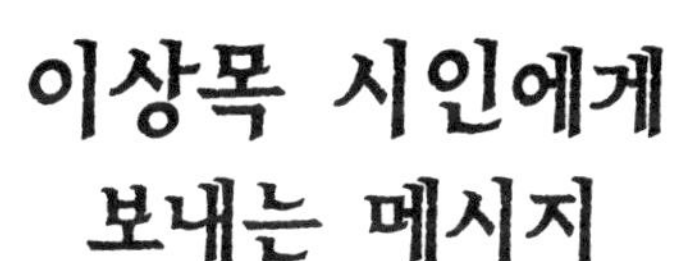

이상목 시인에게 보내는 메시지

이상목 시인에게 보내는 메시지

나무의 숨소리

- 우림(又林) 이상목 시인의 호기에 부쳐

우뚝한 산허리에 나무의 숨소리로
산은 푸르게 크고 대지는 부활을 맞네
애타게 그윽한 이 경이가 신바람을 알게 하네.

– 문학박사 석우 김준

又林 선생님!

又林 선생님! 세상에 스며들어
초록빛 꿈 방울방울 매다는 소리
그 푸른 숨결로 하늘땅 흠뻑 적시소서.

– 이명자 원장 수녀

이상목 시인님!

2003년 ≪시조문학≫ 신인상 받으신 것을 축하드립니다. 하늘빛 글 기대합니다.

이명자 원장 수녀님!

또다시 떠오른 을유 아침의 찬란함, 소외된 이웃과 버려진 이들을 위해 기도합니다. 아울러 수녀님의 커다란 희생과 나눔이 세상의 빛이 됨을 압니다. 아름다운 미소 언제나 뵈올 지 맛 같은 삶을 살도록 저도 노력할게요. 새해 문운 창대하시고 내내 건강하소서.

– 마떼르노 올림

시진회 회원이신 마떼르노 님!

한 번도 뵙지 못했는데도 이렇게 소식 주심 깊이 감사드립니다. 하늘이 축성한 봉헌의 삶, 그분께서 주신 빛을 들고 본향으로 가는 길. 허물들을 하나씩 사를 때마다 더 밝아지는 불빛, 정말 놀랍습니다.

을유년, 그 첫걸음, 1월 4일 - 13일까지 성서통독 과정을 마치고 지금 막 심계리 신지락을 밟고 수련원 이층 방에 들어와서 마떼르노 님께 이 벅찬 기쁨, 제

일 먼저 나누어 드립니다. 마떼르노 님은 성서를 몇 번이나 읽으셨는지요?

가능하시면 짧은 시간 내에 완독을 권하고 싶습니다.

그 길에서

이명자

새들은 숲속에서 초록색 편지를 쓴다
풀잎에 구르는 이슬방울 보다가
얼마나 맑고 예쁜지 울먹이며 날아간다

꽃피는 소리에 움찔 놀란 결 고운 바람
물은 제 빛깔로 늘 낮은 자리 채우고
잘 익은 모과 향기에 온 마을이 젖는다

천상호수 퉁기면 쏟아질 듯 고인 멜로디
파장의 동그라미 번지는 그 길에서
구름이 가슴으로 쓴 긴 연서를 읽는다.

(2003. 2. 중앙일보 시조백일장 장원)

나무의 숨소리

우거진 푸르름에 가만한 숨소리는
태고를 어어 내린 유유한 흐름이네
다시금 큰 숨을 담아 무게로운 숲이여

– '祝' 문곡

늘 푸른 소리를 들려주세요

– 조약돌

又林 선생 멋진 아호 축하드립니다

옛날 사람들은 나무는 그저 물만 먹고 자라는 줄 알았었대요. 나무가 잎사귀를 통하여 광합성을 하며 산소를 만들어내는 줄 몰랐던 거지요. 즉 나무는 계속 숨 쉬며 노래하고 있었는데도요. 산 사람을 위하여 아름다운 집을 지어주고 그곳에 사랑과 행복의 공간을 만들어 주는 것도 모자라 숲으로 감싸주어 새들도 모으고 또한 청명한 깨달음까지 주시니 그 이름 길이 빛날 것입니다. 복 받을 것입니다. 문운 또한 창대하시길.

– 청암 심응문 배상

이상목 선생님 안녕하세요.

늦가을. 춘천의 가을이 남기는 마지막 향내를 기억하려고 은행잎이 폭신하게 깔린 거리를 걸었습니다.

한 걸음씩 나갈 때마다 은행나무에게 존경을 받는다는 느낌이 들 정도예요.

감히……, 살아있는 화석……. 그 한없이 깊은 인고의 나무 앞에서 말입니다. 며칠 전에만 해도 푸르던 것이 어느새 노래지더니 오늘은 매달린 것이 몇 없어요.

앙상해진 나무는 그동안 숨겨둔 속내를 눈부신 햇살에게 그리고 저에게 계속 말하는 것 같아요. 겨울……, 그 춥고 고요한 침묵의 계절이 오기 전에 답답했던 한 해를 돌이키면서 모두 털어놓고 있어요.

두 팔 한아름 나무를 안고 그 얘기를 모두모두 들어주고 싶은데 어느새 전 겨울 코트를 꺼내 입었습니다.

선생님께서 주신 낙엽차는 잘 마셨습니다.

낙엽차의 향기가 춘천과 참 잘 어울렸어요. ^^*

감사합니다.

– 춘천에서 김남이 시인

시조 문단 등단을 축하한다!

먼 이국땅에서 소식을 접하게 되어 더욱 기쁘고 반가워……. 한가위를 맞이하여 즐거운 마음들이어야 하는데 태풍 매미의 소식은 고국의 소식을 기대하는 사람들에게는 안타까운 마음뿐이지…….

하는 사업과 함께 더욱 정진하기를 기원하며
아름다운 글들이 쓰여지기를……

– 호주 캔버라에서 누나가

이방인

이상목

삼나무 자작나무 외롭게 합장하고
삼천의 영봉들을 따스하게 감싸도는
흐르는 풀빛 하늘에 마음 띄워 보냅니다

죽음의 의식으로 빗줄기 몰아치는
애틋한 영혼들의 군무를 마중하고
절벽 위 탐할 수 없는 그리움을 봅니다

황량한 대평원에 인디언 숨결들이
떠나온 이방인을 친구라 부르지만
그래도 잊혀져 가는 고향하늘 맴돕니다

부딪친 인연들은 바람 따라 배회하고
아득히 산울림만 들리는 이곳에서
산처럼 말없이 사는 지혜들을 배웁니다

- 2003년 ≪시조문학≫ 가을호 당선작

이상목 선생님 반가운 마음으로 인사드립니다. 2003년 ≪시조문학≫ 가을호에 신인상 받으신 것도 함께 축하드립니다. 앞으로 아름다운 인연으로 이어지길 바라며 건강과 행복이 가득하시길 기원드립니다.

– 2003. 09. 조약돌 이인자 올림

이 선생님께

인사가 늦었습니다.

≪시조문학≫ 신인상 당선을 진심으로 축하, 축하, 축하드립니다. 당선작 「이방인」도 잘 읽었습니다.

아울러 초라한 제 방까지 방문해 주셔서 정말 감사

합니다. 단양 수련회와 엊그제 김준 교수님 퇴임식 때 먼발치에서 뵈었습니다만 미처 얘기조차 못 나누어 서운했습니다. 그 퇴임식에 대전에서 올라오신 중부대 신웅순 교수가 있었는데 같이 만났으면 좋았을 텐데. 오늘이 백로 절기이니 이제 가을도 깊어 갑니다. 결실과 수확의 계절! 가을! 모쪼록, 회사도 번창하시고 좋은 작품 많이 쓰시길 빕니다.

– 다정 김석철

가깝게 자주 볼 수 있는 귀한 인연에

감사를 드리며, ≪시조문학≫ 가을호 신인상을 추추추카 합니다.

늘 신선한 바람으로 시조단, 그리고 시진회를 지켜주시리라 확신합니다. 오늘도 좋은 날로 내내 이어지기를 기원하며 즐거운 한가위 덕담 가득 넘치시기를…….

– 청람 여영자

---

*祝 '又林'

그 깊은 思惟는 묵향으로 피어나고

배움에 배움 보태니 그 思惟가 그지없고
숲이 숲을 만났으니 그 깊이 가이없어라
마침내 가슴을 여니 묵향 또한 그윽하구나

졸시 허물치 말아주십시오.

호기식을 마치고 드리려 했는데 미리 드립니다. 축하합니다. 오늘 추천하여 주신 새 회원님들도 이번 총회에서 뵐 수 있으면 좋겠네요. 공문이 이미 발송된 터라 내용을 우림 선생님께서 구전하여 주시면 고맙겠고요, 그분들의 정확한 주소를 제 메일로 보내주시면 좋겠습니다. 제 메일주소는 ubo2000@hanmail.net입니다. -

– 우보 拜

이상목 님, 안녕하세요

님의 따뜻한 격려의 말씀에 시월의 소란함을 잊습니다.

≪시조문학≫ 등단을 다시 한번 축하드립니다.

앞으로 좋은 작품으로 님을 우러러보았으면 좋겠어요

환절기 건강 조심하시고, 님의 가족의 평안을 위해 기도하겠습니다. 그럼 이만…….

– 문학박사 이병용 시인

듬직하게만 여겨지는 우림 선생님

항상 바쁘게 사시는 모습 너무 보기 좋습니다.

올해에도 만사형통하시고 문운 함께 하시길 기원합니다.

– 소백산 시조시인의 집에서 소정

시조단 앞날의 밝음을 다시 한번 느껴

누군가 시진회에서 중부권의 영향력이 크다는 말을 요번 모임 중에 들었었는데 중부권에 사는 한 사람으로서 자부심을 가져 봅니다. 한층 젊어진 시진회의 모습에서 시조단의 앞날의 밝음을 다시 한번 느껴봅니다. 그리고 계룡산 정기의 의미를…….

빈틈없는 결속력! 우의! 정말 수고 많으셨습니다.

– 충북 영동 시인네사과밭에서 장지성 시인

우림 선생님

방문을 받고 인사가 늦었습니다. 고맙습니다.

저는 퇴임을 하고도 뭐가 그리 바쁜지 철부지처럼

헤매고만 있으니……, 요전 행사 땐 밤늦게 잘 귀가하셨는지요? 저는 그날에서야 알았습니다만 건축에, 사진에 상까지 휩쓸었다고 들었습니다. 거듭 축하, 축하드립니다. 아울러, 그 바쁘신 중에도 詩作에까지 열심이시니 부럽기만 합니다.

외암에서도 역시 걸출한 작품을 건지셨다군요.

우림 선생님,

맑디맑은 秋江에 둥 두렷하게 뜬 달을 보는 듯, 생각만 해도 기분이 좋아집니다. 쓸쓸한 가을밤이 깊어가는 시간, 오늘은 이만 줄이렵니다.

내내 즐겁고 보람된 나날이시길…….

– 분당에서 다정 드림.

우림 시인

보람 있는 추석명절이 되었으리라 믿습니다.

풍성한 이 가을을 맞이하여 시와 사진예술의 더욱 아름답게 이루어지리라 여겨집니다. 언제나 겸손함과 친절함으로 반갑게 맞이하여 주는 우림이기에 누구보다도 마음이 가까이 있음을 느낍니다.

감사합니다.

– 석우

나무를 심어 숲을 만드는 분

요즈음 지오노의 『나무를 심는 사람』을 읽고 있습니다.

황무지에 푸른 숲을 남기고 평화로운 고독 속에 눈을 감은 사람과 자살로 생을 마감한 사람……, 행복해지는 방법을 발견한 사람과 발견할 수 없었던 두 대조적인 인물의 유형을 보여주는 책이거든요.

늦게나마 글을 쓸 수 있게 도와주셔서 늘 감사드리고,

여러 사람들께 격려를 아끼지 않는 모습은 보기 좋은 모습으로 남아있습니다.

나무를 심어 숲을 만드는……, 늘 행복하시길 바랍니다.

– 서정 김인자 시인

시인의 에스프리

- 코리아 저널 창간 축하 글

코리아저널, 반듯한 전문성과 따뜻한 서정의 공존

글이 커피라면, 매체는 카페와 같다. 호로록 마시고 나면 그만인 커피처럼, 글도 읽고 돌아서면 곧 잊혀지기 쉽다. 그러나 언제나 그 자리를 지기는 가페가 있듯이 인쇄는 영원하며, 바로 이러한 보람이 매체를 만드는 기쁨이다. 새봄을 열며 두근대는 열정들이 모여서 '코리아 저널' 창간호를 주간지로 선보인다. '코리아 저널'은 이국에서 반세기를 지나오며 탄탄하게 다져진 한인 커뮤니티와 교민들의 사이를 한결 굳건하게 잇는 든든한 연결 고리가 될 것이다. 어느 장르가 되었든, 매체에는 그것을 제작하는 이들의 감성이 그대로 스며 든다. '코리아 저널'을 만드는 이들은 발행과 편집의 영역에서 능란한 연륜과 깊이 있는 경험을 지녔을 뿐만 아니라, 따뜻하고 부드러운 서정까지 갖추었다. 이렇듯이 매체로서의 전문성과 감성이 공존하는 것이 '코리아 저널'의 강점이다.

'코리아 저널'의 발행은 이상목 시인이 책임지고 있기에 창간호가 주는 기대와 이끌림이 더욱 크다. 사람과 글을 모두 사랑하는 이상목 시인의 면모가 매체에도 고스란히 담겨, 낯선 나라에서 사람과 우리글이 그리운 분들에게 따사로운 힘을 안겨 드릴 것이다. 이를 바탕으로 삶을 바라보는 반듯한 관점과 매체 발행의 전문가적 소양까지 더해져서 '코리아 저널'의 기조를 뒷받침한다. 앞으로 '코리아 저널'이 신뢰받는 매체로서, 교민들의 다정한 소식지로서, 귀하고 다채로운 정보를 선사하리라 믿는다. 누구나 들러서 좋은 사람들과 두런두런 맛난 커피를 즐기는 아늑한 카페처럼, '코리아 저널'이 교민 여러분 사이에서 서로의 소식과 더불어 마음까지 나누는 활자의 카페가 되기를 바란다.

– 한분순 시인

댕기울, 보름달은 다시 뜨네…

초라한 이 가을은 어느새 다시 와서
까마득 멀어지는 아련한 추억 속에
스산한 달빛이 되어 이 마음을 흔드나

고무신 벗어 들고 내달리던 신작로엔
그 옛날 코스모스 꽃길로 너울대고
아마도 풀 벌레소리 밤을 새워 맑겠지

뒷밭 보 개울 따라 달개비 꿈을 꾸고
반딧불이 춤사위는 별빛 되어 쏟아졌지
어이해 보름달 빛은 휘영청 저리 밝은가

아직도 보름날은 계란 귀신 따라오고
이 서방네 감나무에 달빛 내린 물 이드나
괜스레 밝은 달 향해 까닭 없는 탓을 하네.

– 문곡 서공식

크신 수고에 감사드리며

우림 선생님, 이번 그곳 모임을 위해 공사가 다망하실 텐데 우리를 위해 너무 수고가 크셨습니다.

존경하는 마음을 드립니다. 가내 행운과 강건하시기를 기원합니다. 감사합니다.

– 국문학자 청화 조희식

아름다움을 향한 순례의 길

보다 여유로움을 지니신 마떼르노님!
많이 부럽습니다. 멜 주소 알고 싶습니다
늘 기쁘고 평화로운 나날 되소서.

– 이 몬타냐 수녀 올림.

혼돈의 불꽃

- 이상목

살아서 피어나는 광란의 불꽃들이
우리의 이웃에게 비수를 들이꽂고
도시는 온통 혼돈의 몸짓으로 어지럽다

이상목 선생님! 고성에 오시면 할미꽃밭이 있습니다.
우리 집에 할미꽃 무리가 옛이야기 나눌 땐……
생각나는 님의 그리움으로 눈망울 적시곤 하지요!
'쪽 머리 고운 님' 오늘따라 더욱더 보고파요! 때때옷의 그리움인가 봐요!

고성 늘봄공원으로 꼭 한 번! 오십시오. 할미꽃 구경 오시길…….

– 경남 고성 늘봄농원 김숙선

어렵고 큰일 맡아서 노고가 너무 많으십니다.
작품 사진 잘 보았습니다.
감사합니다.

– 춘천 농막 이근구 선생님

처방전

동토에 뿌리내리는 건 그리움밖에 없네
스치는 바람 소리도 모국어로 들릴 때면
초막 속 벽난로 앞에 앉아 C팔 Jo팔 외쳐 보시게
우림!
정말 오랜만이네 어젯밤 많은 눈들은
자네 소식 전하기 위함이었나 보지.
솔지 않는 이국 살림, 외롭고 지칠 때에

이곳 자주 들려 위안받아감도 괜찮을 것이네
구수한 사투리도 그렇고
만인의 동네 아재 같은 풍채 또한 그러함에
이곳에서 자네 글을 대하니
눈앞에 그대 있는 듯하여 정말로 반갑구만.

– 초대 시진회 이사장 청암 심응문 시인

정 울적하거들랑

어머니 곁에서는 먹국이라도 건져지지
그동안 못 챙긴 것 양동이로 보충하소
원래가 산다는 게 한쪽은 기우는 벱

살붙이 생각일랑 나랑 반씩 나눠갖소
정 울적하거들랑 손통으로 기별하소
투망채비 해가지고 달려갈지 누가 알우?

– 문곡 시인

작품해설

시조집 『낯설지 않은 그림 한 점』을 통해 본 이상목 시인의 시세계

한분순(시조시인 · 전 한국문인협회 부이사장)

〈작품해설〉

시조집 『낯설지 않은 그림 한 점』을 통해 본 이상목 시인의 시세계

한분순(시조시인 · 전 한국문인협회 부이사장)

목신의 오후, 그리고 문학적 아르케 시인을 일컬으며 '신으로의 통로'라는 정의를 내리기도 한다. 그런 예찬을 기꺼이 보내도 될 만큼, 시인은 인간의 학습된 지식만으로는 선불리 가늠할 수 없는 미지의 감성 층위에 도달한 사뭇 매력적 존재라는 뜻으로 여겨진다.

문학에서 글을 쓰는 공급자이든 읽는 수요자이든, 사람은 저마다 우주의 축소판과 같으며, 스스로 자각하지 못하면서 잠재되어 있는 광대한 신비로움은 어느 순간에 정열과 영감을 만남으로써 한 편의 시로 실현된다.

그 완전한 생성 과정에서 이상목 시인은 주의 깊은 관찰자가 되어 정형시집 '낯설지 않은 그림 한 점'이라는 그만의 유려한 우주를 공들여 축성하였다. 작가로서 겪어 온 타향의 삶은 공간성으로 보면 저멀리 있으나, 정서에서는 오히려 모두에게 반가운 살가움을 확보한다. 일련의 작품들은 그가 위치한 머나먼 물리적 상태와 달리, 이국과 고국의 경계에 놓이지 않고 서로 스며들어 융화의 가치를 이룬 것이다.

많은 문화 감상자들이 일상적이며 친숙한 것보다 새롭고 낯선 대상으로부터 미학적 가치를 느낀다는 사실을 명백히 입증하듯, 이상목 시인이 살아온 타지에서의 생활은 그 자체로 매료될 만한 사물의 효과를 자아낸다.

이렇듯 선점된 특별함과 더불어 작법에 있어서 그는 예술의 가장 강력한 힘이 시각적 동요를 통한 메시지 전파라는 것에 착안하여 문학과 비주얼을 유연하게 넘나든다. 독자들에게 놀라움과 호기심을 인위로 주입하며 평가 절상을 바라는 문장의 연극적 시도가 없어도, 이곳에선 예상하지 못할 공간 속의 위대한 발견은 그의 시편을 읽는 사람들에게 무척 신선한 자극이 된다. '낯설지 않은 그림 한 점' 전편을 통하여, 아름다움은 준비된 사람 앞에만 드러남을 작가는 여실하게 보여 준다.

그림은 '말없는 시'이며, 시는 '말하는 그림'이라는 명제가 있다. 언어와 이미지를 함께 매만지는 이상목 시인은 두 장르의 뛰어난 면모들을 종합화하며 동시대를 관통한다. 제1부 '이방인으로 살아가기' 작품들은 비주얼의 영역이라 할 수 있는 데생, 색채, 명암, 표현, 구성의 덕목을 문학적으로 펼쳐 낸다. 그 짜임새 좋은 초석에서 작가는 자연을 수동적으로 포착하며 찬미하는 것에 머무르지 않는다. 눈길에 닿은 자연을 반영하면서 표면으로 보이지 않는 고차원마저 표현하려는 의지이다. 모든 위대한 풍경화는 그와 같은 집요한 응시로부터 나온다.

자욱한 물안개가 초벌로 지나간 뒤
물감이 마르기 전 아롱아롱 피어나는
산 빛과 대비를 보며 반사광을 묶는다

저 넓은 팔레트 안 오롯이 담겨있는
색깔들 젖은 칠에 마른선 긋기까지
농담이 배어나오며 담아내는 사유들

삶의 얼룩처럼 흘러내린 물맛처럼
행간과 쪽 사이에 깔린 그림자까지
귀얄로 툭 던진 붓질 수채화 한 폭 뜬다.

- 「낯설지 않은 그림 한 점」 전문

선연히 생동하는 시상은「낯설지 않은 그림 한 점」처럼 입체적 양감과 소재의 질감을 표출시키는 묘사에서 얻을 수 있다. 이상목 시인은 제재의 핵심을 파고드는 운문적 은유에만 국한되지 않는다. 여기에 디테일을 추구하는 산문적 환유를 얹음으로써 화법을

교차시켜 그 두 장르의 묘미는 동시에 휘황하게 흡수된다. 능숙한 합성의 하이브리드는 금세기를 선도하는 트렌드가 몰두하는 지향성이다.

이상목 시인한테 장르의 교집합은 광범위하게 이뤄지고 있다. 그의 감성적 인식은 문학에만 갇혀 있지 않기에 이질의 지형으로 팽창된다.

그림은 자연에 가깝고, 음악은 인간에 가깝다고 한다. 음악은 집단으로 어울려 감상하며 인간과 인간을 가깝게 만드는 계기이므로 홀로 향유하게 되는 미술보다 심정을 동화시키기 쉽다. 그림도 나름의 견인력이 있는데 대다수의 정보화를 시각으로 받아들이는 인간 본성과 잘 맞는다는 것이다. 이상목 시인처럼 회화적 관찰에 어휘의 운율을 첨가하는 표현 양식은 그 남다름으로 상찬될 만한 구획을 창안한다.

형태시라는 장르가 여러 크기의 활자와 구두점을 시각적으로 배열한 인쇄 혁신을 선보여 문학사에서 두드러졌다면, 이상목 시인은 훨씬 적극적으로 진화하여 이미지가 지배하게 된 오늘날의 독자들과 함께 호흡할 기법을 탐색하고 있다.

「떨잠, 그리고 이방인 눈물 한 줌」에선 서사적 우회가 단락과 단락을 이야기 문학의 솔깃함으로 이어주며, 그 흐름 속에서 명징한 비주얼화를 거치고 난 다음에, '어쩌면 고심하며 종장을 생각하듯 / 반백 년 불이 붙고 타오른 오동꽃은 / 결 고운 / 화첩이 되어 어머니로 놓여 있다'는 결말에 이르며 운문적 맥락으로 상승된 화술의 시너지를 도모하여 완성된 심층의 복합체를 선사한다.

인간의 이성은 지나치게 고정적이며 주어진 현상만 지킨다고 알려져 있다. 시인에게 단련은 기계적 학업에 묻히지 않고, 타고난 서정의 발화로 성숙하는 듯하다.

장르의 특성화를 하며 시는 무용에, 산문은 도보에 비유된다. 이성의 개입 없이도 감성을 터트릴 수 있는 태생적 기질이 시인에겐 긴요하다는 뜻이다. 시에 담긴 리듬은 운문의 기대를 충족시키는 인공적 배움의 결과만이 아니다.

도리어 의식적이든 무의식적이든 규율을 탈피하는 시도를 포함한 것이기에 이상목 시인한테 귀결된 리듬은 시문학임에도 운문과 산문이 알맞게 배합된 양태이다.

이처럼 겹겹으로 다른 속성의 작풍을 능란히 구사하는 가운데, 「눈 오는 날의 소묘」는 흔히 하듯 인물과 배경을 굳이 나눠서 어느 한쪽에 우위를 두는 중심과 표상의 구분을 하지 않기에 심상들이 균형 있게 대칭된다. 마치 미술에서 액자도 장식성이 아닌 어엿하게 그림의 한 부분이 되는 것처럼 이상목 시인은 문장에 들어간 어떠한 요소도 간과하지 않다. 작품 마무리에선 '무거운 폭설 탄에 위장한 병사들도/쓰러져 나뒹굴고 새들도 떠나갔다 / 이런 날 / 흔들리는 것 어디 마음뿐이랴'라고 토로하는데, 강렬한 경건함은 슬픔의 표현이 다시금 그 슬픔으로부터의 극복이 될 수 있는 카타르시스 단계에 세련되게 안착한다.

내면의 밀도를 높여 줄 기제는 오롯한 사색이며 이는 조용한 고독으로부터 시작된다. 교양의 숙성은 고독을 기쁘게 누리면서 이루어짐은 익히 알려진 바이다.

그런데 오늘날의 고민은 가속된 산업화 일로에서 모두들 고독을 버티는 능력을 잃었다는 것이라고 한다. 이리저리 둘러보면 스마트폰, 텔레비전, 컴퓨터는 고독할 겨를을 주지 않는다. 소란한 문명에 어느새 길들여진 사람들은 테크놀로지가 곁에 없는 고독을 두려워한다. 제2부 '물푸레 나무가 있는 호수' 작품들은 이러한 현실에 대하여 초월적 성향을 견지하면서도 친근하게 감싸는 위로를 축적시키고 있다.

> 저 산과 능선 넘어 내 맘을 훔친 이가
> 그 속에 살고 있다고 착각하는 저물녘
> 로키의 원시림 속을 나 홀로 걸어보네
>
> 벼랑에 살고 있는 강인한 잡초들도
> 우뚝한 산맥 속에 머무는 나무들도
> 지긋이 숲이 되려고 고고함을 깨우면
>
> 산 겹겹 노을이란 미명의 이름아래

유혹의 손을 내민 석양을 끌어안고
나무와 산과 호수와 나 바람 차를 끓인다

등 시린 타향에서 숙연한 마음 씻김
아직도 나를 훔친 모레인 호숫가엔
발 시린 물푸레나무 구도자로 떠있다.

- 「물푸레 나무가 있는 호수」 전문

여타의 나약한 예술가들은 곧잘 고독으로 도피해 버린다. 그러나 이상목 시인은 특출한 문학적 심지를 바탕으로 고독 속에서 인간과 인간, 인간과 자연 사이의 관계를 찬찬히 살핀다. 이렇듯 「물푸레 나무가 있는 호수」의 접근 방식은 지난 시대의 계몽가들보다 한결 진보된 면모이기에 유의미하다. 그저 이상향으로 미화된 자연을 보여줌으로써 경외심을 건드리거나, 가끔 산책에 나서면 그것으로 충분하다는 단순화에 안주하지 않는다. 인간은 사회의 구성원이면서 그보다 먼저는 자연 경치의 한 자락이었음을 환기시켜 사람들이 진정으로 잃은 것을 깨닫게 한다.

도시인은 쉴 새 없이 인터넷 여기저기를 배회하며 네트워크에 모여든 숱한 이들에게 스스로를 드러내려 업데이트에 안달한다. 이상목 시인은 그렇듯 인간과 인간을 관계가 아닌 접속으로 잇는 오늘날의 허무에서 벗어나 자연이 내린 섭리를 마주하는 체험을 시적으로 전한다. 고독은 스스로를 에워싼 사회적 지위를 내려놓고 서로 평등한 친구가 될 수 있는 기회이며 생각 짙은 존재들만이 누리는 특권이다.

올곧게 다져진 내공은 이상목 시인에게 작가의 지극한 미덕이라 할 관조로 수여된다. 이를테면 「손에 든 꽃물 어쩌라고」는 '사월을 내치는 건 / 나만이 아닌 기라 / 불쑥 통보도 없이 / 계엄군이 진주했다 / 손에 든 / 꽃물 어쩌라고 말이 없는 반란군'이라는 전개로 봄에 잠입해 온 겨울 날씨의 무심함을 정예로운 어휘가 포획해 낸다. 지금껏 문학의 헛된 자만심이 지나쳐 온 일상의 작은 편린에서도 더욱 큰 주위 세계에 대한 눈을 열 수 있는 힘이 빼어난 필력으로 배어든다.

우리 문단에서 고착된 습벽이라 할 감상성의 과잉은 엄격히 절제하며 우울한 심경을 탐미적 감각으로 치환한 이상목 시인의 솜씨는 「목수일기」에도 깃들어 '나무의 뼈를 열면 허기가 채워진다 / 공사장 먼지들이 호흡을 방해하고 / 섬세한 마감작업에 지문도 날아갔다 / 공들여 벗길수록 윤이 나는 삶의 굴레 / 옹골찬 마디마디 꿈들은 채워지고'라는 숭고한 현상학으로 완결되었다. 경이로움은 광활한 원시림처럼 인간이 수월히 다가설 수 없는 공간에서만 맴도는 것이 아니다. 어쩌면 가장 귀한 진기함은 이성적 판단이 미처 작동하지 않아도 감지되는, 우리들 생활 속 풍경이 소소하게 품은 뭉클함이다.

인간에 주어진 숙명은 자유 의지와 타락을 오간다는 것이다. 선하려는 투지가 있으나 악으로의 굴복도 뭐라고 나무랄 수 없는 인류의 속성이다. 이러한 행태들을 지켜보며 탐구자들은 인간이 모르는 어떤 절대자의 계획을 발견해 내려 한다.

우리의 시각이나 청각에 감탄을 일으키는 만휘군상 개체들은 아마도 누군가에 의하여 미리 마련된 순리라는 신실한 믿음들이 있다. 신앙을 지녔든 아니든, 한낱 인간이 절대적 옳고 그름은 말하는 것은 지나친 일반화이다. 예술에 만연된 엘리트주의는 오만에 사로잡히지 않은 시선부터 겸손히 익혀야 한다. 작가들의 상승된 자의식은 진일보한 착상을 가로막는 속물주의와 다를 바가 없다. 여린 꽃이 굳건한 아스팔트길을 뚫고 돋아나는 것처럼 이상목 시인에게 있어서 결핍은 오히려 창조의 동력이 되며 '제3부 아버지의 거울' 작품들은 그 깨우침이 겸양 태도가 되어 출리해탈의 경지로 들어서게 이끈다.

머름의 가지런한 문양이 드러나고
날 살과 씨 살 안에 엇각인 꽃 빗살까지
세월은 마모를 더해 산문에 들게 한다

오뚝한 띠살무늬 꾸밈도 격이 있어
창호지 한 장 바른 사바와 이승 사이

쌍계사 꽃 문안에는 극락의 꽃이 핀다

중생이 드나드는 안과 밖 경계지점
결 고운 쇄골 속에 웃고 계신 동자승
세속의 티끌을 털고 꽃이 되라 이른다.

-「꾸밈도 격이 있네」 전문

우월한 시적 정신은「꾸밈도 격이 있네」처럼 지금 이 순간에 시공간을 넘는 클래식한 농도를 부드럽게 더할 수 있는 식견의 넓은 진폭으로부터 비롯된다.

요즘 문단의 여러 경향들 가운데엔, 주목을 받고 싶은 과욕으로 튀는 개성을 너무 가하면서 발랄함만 내세운 조급스러운 실험을 남발하는 작풍도 있으나 아쉽게도 그런 풋풋한 치기는 안목의 얕음만을 반증한다.

어느 장르에서나 보편적으로 권장될 만한 확정된 표현 형식이란 없다. 호불호를 규정짓는 취향의 합의도 불가능하다. 예술가의 취향과 감상자의 취향이 있을 뿐이다. 여기서 중요한 것은 예술가로서 감상자를 배려하려는 자세이다. 이상목 시인이 해 왔듯 생각하는 방식의 정형화는 벗어나면서, 그윽하며 안정된 맥락으로 읽는 사람들이 참신한 시각을 느낄 영향을 주는 것이 온전한 기예이다.

모든 형태에는 그만의 원인이 있다는 정겨움은 이

상목 시인의 또 다른 미덕이다. 주변에 놓인 것들이 아무리 자잘한 미물이어도 소홀히 여기지 않는다. 추하다고 보이는 모양도 생활의 쓸모와 이어져 있다면 아름다운 것이 된다. 「한 치의 오차조차도 허용하지 못하고」와 같이 '동지에 가붓하게 빈 수레 밀고 가는 / 낮달을 배웅하며 갈무리하지 못한 / 벽안의 굽도리에게 애꿎은 말을 건다라고 하면서 사물에게도 긍휼한 정감을 보낸다. 표피의 어여쁨만을 작품 재료로 삼을 것이 아니다. 추함마저 포용하며 아름다움으로 재해석하는 것이 문학의 반듯한 소명이다.

사람은 꽃과 칼이 닮았음을 알면서 어른이 된다. 고운 꽃과 사나운 칼은 언제든지 그 특성이 뒤바뀔 수 있다. 풍파를 견디게 하는 원천은 세계를 호의적이라고 생각한 어린 시절의 노스탤지어이다. 복고가 오늘날 주된 판촉이 된 까닭이기도 하다.

그런 작위적 마케팅 의도는 없이 「국화빵과 바꾼 나의 유년」은 지난날로 회귀한 기억이 느른한 어른들에게 감성의 휴식을 건넨다. '아버지 앞에 끌고 형과 나 뒤에서 민다 / 숨이 턱까지 찬 고갯마루 하늘구름만 / 둥 둥둥 국화빵 몇 개에 바꿔먹은 내 유년'으로 기술된 과거의 찰나는 고단했어도 스쳐 간 것들 특유의 아련함을 지녔기에 애틋한 교감을 일으키는 것이다. 이렇듯 생활에 직접 반응하는 작법은 문학 훈련을 받지 않은 광범위한 독자들을 흡인시킬 수 있는 강점이 된다.

'유동하는 근대'라고 지칭되는 오늘날엔 온갖 장르마다 빠른 진보를 거듭하고 있다. 과거 연대기와 확연히 다른 방향은 선각자의 겉멋이나 독자들 현실에 애착을 두지 않는 난해한 추상성은 도태됨을 문화 생산자들이 드디어 깨달았다는 것이다.

이제 사람들은 팝 아트와 같이 대량으로 유통되면서 일시적이고 통속적이어도 재미나면서 활기찬 예술을 선호한다. 창작 주체의 절절한 비애감을 호소하는 페시미즘은 슬픔이 지닌 우등함을 기반으로 높은 평가를 받기엔 효용이 많았으나 금세기에 그러한 독백이 감흥을 안기려면 이상목 시인처럼 동시대적 장치를 개척해야만 한다. 제4부 '부추 꽃과 고향' 작품들은 예술의 본질이 생존을 완성시키고 축복하는 것임을 보여줌으로써 문학의 존재 근거를 되짚고 있다.

칙칙한 앉은뱅이 책상을 앞에 두고
혜안이 들어있는 해묵은 고서 몇 점
하늘텬 따지 검을 현 이끼야 끝말까지

기억엔 개망초 꽃 흐벅지게 피였었지
오래된 곰팡내도 엎드려 먹을 갈고
한 달 치 월사금으로 보리쌀이 두어 됫박

훈장님 기침소리 학동들 암송소리에
성 절 신흥 사숙 감꽃들이 피고지고

매당리 노송들까지 천자문을 외고 있다.

- 「동문수학」 전문

삶이 아날로그에서 디지털로 이행되면서 사람들은 첨단 기술이 놓친 감성의 균형을 본능적으로 맞추려 한다. 작금의 시류에 등장한 '아날로그의 반격'이란 용어는 기계가 아닌 사람의 손길이 닿아야 비로소 작동될 물품들이 받는 호응을 가리킨다.

가령, 문학의 영역에선 젊은이들이 스마트폰으로 간단히 조작하지 않고 종이를 손수 넘기며 글을 읽는 수고로움을 즐겁게 감수한다. 종이라고 하는 가장 오래된 제품이 명멸하지 않고 새로운 미래와 만나듯, 디지털 또는 아날로그로 가르는 선형적 양자택일은 구태의연해졌다. 그 둘을 나란히 함께 포용할 순환적 발상법이 요청되는 것이다. 어떠한 디지털이 출현하여도 우리의 두뇌는 늘 아날로그이다. 이상목 시인의 심오하며 개방된 고찰은 「홍시」에서 '온 생을 불태웠던 / 생애의 절정에서 / 나누고 비워내는 거룩한 성자처럼 / 뜨거운 / 상처투성이 화인 하나 새긴다'라고 서술되어 생명 체계의 구조와 원리를 오묘하게 밝혀낸다.

예민하게 벼린 감각으로 사계절을 바라보는 인내심은 진리에 도달할 면밀한 수행법이다. 그러한 끈기력으로 불안정하고 혼돈스러운 세속과 차별되는 자연의 영원한 질서를 파악해 낸 이상목 시인은 「향수」로

'습관과 문화의 차이 자신을 지탱함도 / 버거움 사리려는 본능의 무한질주 / 계절은 이렇게 다가와 그리움을 키웁니다'라는 지혜안을 확립한다. 대하는 환경의 규모에 압도되지도 않으며 스스로에게 심취되는 작가적 허례도 잊었기에, 계절은 그냥 반복되는 양상이 아니라 거대한 법칙으로 세계를 지탱한다는 참된 섭리에 착지할 수 있는 것이다.

초연한 마음을 뜻하는 '아파테이아'에 당도하고 싶은 안간힘이 오늘날 화두이다. 물질의 풍요에도 번민은 가시지 않는다. 자꾸 커지는 공허를 끌어안고 까닭없이 불안한 사람들은 심리적 도피처를 문학에서도 구한다.

문학의 기본이 되는 두 축은 낭만성과 사실성이다. 그런데 저항적 사실성을 근간으로 하면 요즘 사람들이 도외시하는 차가운 르포르타주 문학이 된다.

독자들의 요구를 충족시켜 줄 만한 좀더 쉬운 우회로를 모색하다가 결과물로 나타난 것이 신세기 낭만주의이며, 환몽과 퇴폐마저도 일종의 상징주의로 그럴듯하게 포장된다. 세속화되고 어수선한 작법들 속에서 이상목 시인은 문학의 본질이 되는 진정한 아르케를 마련하려 한다. 제5부 '영시 그리고 우리가곡' 작품들은 정신의 눈으로 생애와 그 이면을 주시하며 지금 여기를 넘어선 무한성에 대한 갈망을 기저로 하여 인간이라는 단위를 넘어선 도탈을 목도하고 있다.

살에는 혹한에도 벌거벗고 산다는 것은
끝없이 비워내고 나목으로 산다는 것은
위대한 자연의 섭리 깨우치는 일이네.

모여 산 그리움 안에 내리는 나신의 꽃
허공을 헤쳐 오는 산촌의 바람소리만
활 활활 촉수를 펼쳐 영혼으로 돈는다.

-「나목 1」 전문

공간의 정적을 버티면서 지난한 연마를 겪은 낭만적 자아는 아득히 확대된다. 「나목 1」처럼 지각적 경험과 상상적 의식이 교섭되어 스스로의 내면에서 세계와 우주를 만나는 것이다. 이상목 시인은 말없는 여운에 웅변보다 선명한 감화력이 있음을 수려하게 입증한다. 천재는 고요한 품성이어도 열렬한 기폭제를 내포하므로 예인의 광기에 닿는다. 이를 문학적 감흥으로 승격시킴은 신중한 습작의 성과이다.

고전적 멋의 정서를 풍류라고 한다. 그동안 풍류엔 한량의 뉘앙스도 생겼으나 「鳶(연)」의 '씨줄 탄 박수무당 너울대며 춤을 춘다 / 망각의 세상에 와 펼쳐내는 비상의 꿈 / 물레와 바람과의 싸움 저 팽팽한 줄다리기'처럼 워낙은 유교, 불교, 도교 모두를 포괄하며 만물과 접할 수 있는 통일된 어우러짐에 명명된 낱말이었다. 과학의 획일적 잣대가 재단할 수 없는 홍취로써 나와 타자, 사람과 사물, 그 영역을 나누지 않고

각자의 자리에서 개성을 유지하면서도 일체감의 리듬을 완람하며 공존하게 된다는 덕목을 알려 주는 것이 풍류의 훌륭한 가능성이다.

예술은 후퇴할 줄 모르며 고여 있지 않는 움직임이라 하겠다. 그 노선은 선택이다. 문화도 상품이 된 시절을 맞이하여 예술가는 고고한 창조자, 또는 대중적 인기를 따르는 존재, 둘 사이를 넘나들며 글을 고쳐 쓰면서 궁극에 나아갈 바를 자문자답해야 한다.

「미완성 3악장」엔 '동짓달 칼 바람도 광덕산은 품에 새긴다/인간세계 티끌 안고 금북으로 뻗은 車嶺/3악장 결 고운 선율 미완성의 바람소리'가 있다. 인류보다 오래 월등히 생존해 온 웅장한 자연도 줄곧 번뇌 속에서 성숙한다.

이상목 시인은 고뇌의 기적으로 그만의 탁월한 문필력을 확보하였다. 그 찬연한 성취로 지식과 감각, 즉흥과 구성, 사상과 기교를 아우르는 전편을 선보인다. 작가는 유한성과 무한성의 중간계에 있는 존재이다. 그러는 가운데 고귀한 성정은 모든 것에서 신을 보게 되며, 시를 본다. 목신의 오후가 영예롭게 깃들어 있는 이상목 시인의 서정은 섬세한 치유를 기다리는 시대의 문학적 아르케를 이루었다.

이상목 시조집

낯설지 않은 그림 한 점

초판발행일 2023년 9월 20일

지은이 : 이상목
발행인 : 김순진
편집장 : 전하라
디자인 : 김초롱
펴낸곳 : 도서출판 문학공원
등 록 : 2004년 3월 9일 제6-706호
주 소 : (우편번호 03382) 서울 은평구 통일로 633
녹번오피스텔 501호 스토리문학사
전 화 : 02-2234-1666
팩 스 : 02-2236-1666
홈페이지 : https://blog.naver.com/ksj5562
이메일 : 4615562@hanmail.net

※ 책값은 뒤표지에 있습니다.